帝国データバンク情報統括部

なぜ倒産　運命の分かれ道

講談社＋α新書

はじめに

スペイン風邪（1918〜1920年）以来、100年ぶりのパンデミックを引き起こした新型コロナウイルスの感染拡大は、全世界の経済活動に多大な影響を及ぼしました。日本政府は徹底した行動制限を実施する一方で、中小企業を中心にきめ細やかな資金繰り支援を実施し、企業の倒産は大きく減少しました。

2023年5月以降、あらゆる制限が撤廃されて経済活動が本格化し、多方面で供給力を上回る需要の急拡大を伴い、欧米を中心にインフレが加速しました。日本でも同様に物価上昇の流れが続き、バブル経済の崩壊から三十数年続いたデフレからの脱却が見え、物価上昇と賃上げの好循環が生まれる経営環境も整いつつあります。

ところが、ここにきて中小・零細規模の企業倒産が増加に転じています。

理由は大きく三つあります。

一つ目は、コロナ禍で打ち出された中小企業向け金融支援が順次、縮小・終了したことです。約45兆円にのぼる政府系・民間金融機関による実質無利子・無担保融資、いわゆるゼロ・ゼロ融資が実行されたほか、休業補償を目的とした各種補助金、助成金などの手厚いサポートに支えられてきましたが、売り上げが回復せず、返済計画の作成もままならず行き詰まる企業が増えています。コロナ禍がなければ破綻していた可能性のある企業も一連の金融支援策で息継ぎできていた状況でしたが、業績は改善しないまま手元資金を使い果たしたケースが目立っています。

二つ目の理由は、資金繰り支援がほぼ終了するのと同じタイミングで本格化した、物価高の影響による企業収益の悪化が挙げられます。2022年のロシアによるウクライナ侵攻を機に、小麦粉、食用油などの世界的な需給が逼迫《ひっぱく》。半導体不足等の影響を受けていた製造業のみならず、食品をはじめ幅広い分野でインフレ圧力が高まりました。日本は欧米に比べて物価上昇は緩やかですが、アメリカの政策金利引き上げによる金利差の拡大で円安が進行し、輸入物価の上昇が国内産業に悪影響を及ぼしました。緩やかに賃上げが進んだとはいえ、物価上昇のペースに十分に追いついていないため、素材・原材料価格の上昇に対して価格転嫁が進まず、収益の改善しない企業が行き詰まってきているのです。

三つ目の要因は人手不足です。生産労働人口の減少が加速度的に進むなか、賃上げできずに人材が流出し、事業継続を断念するケースが目立ちます。経営者の高齢化が進む中での「後継者不足」も倒産の要因としてクローズアップされています。アフターコロナ入りしてからの倒産増加は、2008年のリーマン・ショックに端を発した世界的な需要消失による「不況型倒産」とは異なり、資金面、人材確保の面で企業間格差を広げ、企業倒産の増加がさらに加速しそうな気配です。

帝国データバンクでは、1900年3月の創業以来、一貫して企業信用調査を本業として、全国83ヵ所の拠点をベースに約1700名の調査員が日々、地域に根差した取材活動を通じて健全な経済活動を支援してきました。長年の活動を通して培われたネットワークを通して入ってくる信用情報、ブライト情報（対外信用の向上につながるポジティブな情報）をつぶさに確認・分析しています。そこで、もっともこだわるのが「現場の状況をしっかり確認すること（現地現認）」です。

たとえば、倒産の引き金になりうる支払いが遅れている企業に関する問い合わせに対して、慎重かつ冷静にその原因、深刻度合いや影響度を確認する必要があります。経営状態が傾くにつれ、業績が悪化するにつれて、これまで業績好調で饒舌に将来展望を語っていた経営者の口数が少なくなった後に会えなくなり、ついには連絡が取れなくなるようなケースもあります。

支払い遅延に関して、取引に直接的な影響がある企業の依頼を受けて取材するケースも数多く、第三者的な立場として幅広い観点から事実をしっかり確認し、正しい情報を伝えることが我々の使命と考えています。個別の倒産情報、集計によるトレンドのみならず、倒産事例の詳細や影響度を説明した記事を収録した『帝国ニュース』は、経営に役立つ情報紙として数多くの読者のみなさまにご愛顧いただいております。

倒産は、企業経営の一つの区切りとなります。創業間もない企業ばかりでなく、業歴100年を超える企業まで、倒産に至るリスクは常にあります。そこに至るには経済環境であったり、運・不運があったり、ちょっとした経営判断のミスであったり、様々な要因がありま す。そもそも会社を設立した当初から「倒産」することを考える経営者はいません。ところが、すべての企業が売り上げを伸ばせるわけではありません。また、業績を拡大し続けることも決して容易ではなく、平家物語の冒頭の一文を想起させるような事例は枚挙にいとまがありません。最終的に行き詰まるにはそれぞれ個別の原因があります。

その事例をしっかりと読み解き、本書が〝転ばぬ先の杖〟として読者の皆さまの一助になれば幸いです。

２０２４年12月

帝国データバンク　情報統括部長　　藤井　俊

なぜ倒産　運命の分かれ道●目次

第5章　夏休み明け学食休業で大混乱、食堂運営会社の突然死

第6章　都心超一等地に移転したコンサルがはまった落とし穴

第1章

太陽光発電が一転「儲からない仕事」に
新電力・メガソーラーが続々破綻

2021年
6〜12月
報告

新電力向けシステム開発 パネイル

DeNA出身若手社長率いる「ユニコーン」の墜落

所在地 東京都中央区日本橋兜町20-7
代表 名越達彦氏
資本金 1億円
負債 約61億4200万円
2021年5月18日民事再生法適用申請

電力自由化時代のプラットフォームを提供する企業として、かつては多くのメディアで取り上げられた期待のユニコーン候補だったが、2020年以降はほとんど忘れられた存在となっていた。

〝AI〟と〝クラウド〟成長市場の目利き力

名越達彦社長は学生時代、鳥人間コンテスト選手権大会優勝チームのメンバーであり、株式会社ディー・エヌ・エー（東証プライム）入社後は同社の代名詞的存在であるモバゲーの立ち上げに携わったバイタリティ溢れる人物だ。

眼のつけどころもよかった。時流に合わせてスピーディに事業を展開していく経営センスが名越社長にはあった。当初は太陽光発電事業者の営業を代行、法人・個人のユーザーを獲得する「太陽光発電顧客紹介サービス」というポータルサイトの運営や、部材の調達代行サービスを手がけ、２０１２年に開始された固定価格買取制度（ＦＩＴ）による太陽光バブルに乗って順調に会員数を増やしていく。ところがバブルが崩壊するころにはこれらの事業をあっさりやめる。早くも次の成長市場を見つけていた。新電力をターゲットに、２０１６年4月にサービスを開始した「Ｏｄｉｎ（オーディン）」、のちの「Panair Cloud（パネイルクラウド）」だ。

電力需給管理基幹システムと銘打った「パネイルクラウド」は、電気料金の見積書作成などの営業活動に始まり、顧客管理、電力需給の分析・解析、電源ポートフォリオの作成・自動調達、過去と現在の送電量、季節、天候、気温、時間などの膨大なデータの処理、電力の市場価格や電力使用量の予測、電気料金請求の自動処理までをワンストップで行う。つまり〝ビッグデータ〟を、〝ＡＩ〟で分析し、〝クラウド〟で提供する。流行りのＩＴ関連キーワードをすべて備え、リリースのタイミングも２０１６年4月の電力小売り自由化にぴったり合わせたものだった。当時まだ30代半ばの青年社長でありながらどこで学んだのか、心憎いほどに投資家への見せ方、いや魅せ方を心得ていたと言える。

このころには当然、株式公開を視野に入れている。上位株主にはベンチャー・キャピタルがズラリと並び、金融機関の融資残高も一気に膨らんでいく。「パネイルクラウド」は15社ほどの大手新電力にプラットフォームとして採用され、日本発のユニコーン候補企業としてメディアからも脚光を浴びる。2016〜2018年にかけてがパネイルの絶頂期だった。
しかしここから急転直下、転落が始まる。

代表の個人会社からの増資でしのぐ

2018年9月期から、決算数字の開示がされなくなった。そして、決算から1年以上経って行われた決算公告で大幅な業績悪化が明らかになる。それによると年収入高約172億6100万円、経常損益が約16億5300万円の赤字、最終損益が約26億6600万円の大幅赤字だった。この数字は帝国データバンクが当初ヒアリングしていたものや、その後筆者が入手していたものとは異なる。

与信的にはこの決算の混乱が（限定的な範囲だが）明るみに出た2019年初頭の時点で、決算書の信頼性はゼロになりジ・エンドだ。しかしいったいなぜ、こんなことをしたのか。

雨後の筍のごとく700社あまりが乱立し、昨今の電力価格高騰では軒並み経営危機に直面している新電力だが、当時はまだ本当の黎明期《れいめい》。プラットフォームとしての「パネイルクラウド」の注目度は高く、潜在需要は大きいものの、なかなか実際の導入に結びつくものではなかった。

パネイルが並行して進めたのは、自らが電力小売り業者になる道だ。２０１５年秋から２０１６年春にかけて、パネイルは全国に８社もの地域販社を設立している。そしてその積極的な営業活動やベンチャー・キャピタルの仲介によって全国の官公庁、一般企業へと顧客層を拡大した。「パネイルクラウド」の力を見せつける、格好のデモンストレーションの場でもあったはずだ。

つまり看板はパネイルクラウド、中身は新電力というわけで、２０１７年９月期～２０１８年９月期の急激な売り上げの伸びは、このカラクリで実現されたものだった。

ところが２０１８年初頭、日本卸電力取引所（ＪＥＰＸ）で電力価格が高騰、市場からの電力調達に依存していたパネイルは巨額の損失を被る。明るみに出れば高精度の解析・予測機能を謳う「パネイルクラウド」の名声も地に墜《お》ちる。二重の打撃だ。自己資本も毀損《きそん》した。

筆者が入手していた情報と民事再生申立書記載の決算書で数値が合わない部分もあり、正確なところは判然としないが、代表の資産管理会社である合同会社パンゲアが６億５０００

万円もの増資を引き受けることで、債務超過の回避を図った。しかしこのことも当時、公にされることはなかった。

積み重ねた虚偽の果て

倒産に至る本質的な要因は、ここまで述べてきたことに尽きる。2019年中にはパネイルの信用不安は多くの人が知るところとなっていたからだ。

しかしもう少しつけ足して、かつ時間を少し巻き戻せば、2018年4月には東京電力エナジーパートナー株式会社（東京都港区、当時）と提携し、合弁会社の株式会社ＰｉｎＴを設立している。これがどういうことかと言うと、電力価格高騰による大打撃を受けて、秘かに電力小売りの縮小、プラットフォーム事業への回帰を図っていたわけだ。提携先は正確な経営状況を知らなかっただろう。

中立書にはＰｉｎＴがプラットフォームの採用第1号との文言がある。「パネイルクラウド」は、15社ほどの大手新電力にプラットフォームとして採用されたはずではなかったか。こうなってくると、もう何が本当なのか分からない。

その後も新電力での赤字に歯止めはかからず、2019年春のバンクミーティングでの金融機関への返済猶予要請、2019年9月期決算の債務超過転落、ほとんど死に体となった

パネイルの業績推移 （※変則決算）

		収入高	営業利益	経常利益	当期純利益
※	2013年11月期	8,500	250	30	△17,327
	2014年11月期	131,805	845	563	563
	2015年11月期	263,555	17,195	16,848	16,848
※	2016年9月期	564,213	17,899	13,398	27,664
	2017年9月期	7,877,947	379,930	466,091	280,828
	2018年9月期	17,261,419	△1,526,076	△1,653,275	△2,666,073
	2019年9月期	15,010,406	△2,173,341	△2,219,871	△4,660,570
	2020年9月期	2,267,646	△647,557	△746,836	△896,760

単位：千円

状態でのＰｉｎＴへの幹部移籍を巡る係争、２０２０年末の全従業員解雇と続くが、これらはもはや枝葉末節の話だ。「そもそも……パネイルクラウドにはＡＩ開発に必須なPython、Rubyなどのプログラミング言語が使われていない。あれは本当にＡＩと言えるのか？」。筆者は、関係者が漏らしたひと言が忘れられない。民事再生法の申請後、「パネイルクラウド」についた資産価値は簿価２円だった。

レールに乗せられた者の悲哀

企業倒産はいくつかの類型をなしているもので、パネイルの倒産にもある種の既視感がある。

期待のユニコーン候補が夢破れた事例としては、全自動衣類折り畳み機のseven dreamers laboratories株式会社（２０１９年４月破産、負債約22億５２００万円）がある。

代表が自信たっぷりに語る明快な成長戦略やプレゼンでの口上の見事さ、一転して信用不安が増大したときの経営幹部による債権者への誠意に欠ける言動は当時のW・A社（主力のソフトウェアの完成度が低く価格以外の競争力に乏しく、実質破綻状態に陥ったがなぜかファンドの資金導入に成功し法的整理は回避、ただし社長はその後解任）を想起させる。

また、電力価格高騰のあおり、という点では株式会社F－Power（2021年3月会社更生法適用申請、負債約464億円）が記憶に新しい。天翔けるユニコーンと周囲がもてはやすのは簡単だが、当事者はもう少し地に足をつけて、着実な成長を目指すべきではなかったか。もっともそれではもはやユニコーンとは呼べないが……言うは易く行うは難しだ。

この間、ステークホルダーがどのように関与したのか真相は闇の中だ。正しい方向へ誘導するより、サクセス・ストーリーを演出し、その利益を分かち合うためのある種の御膳立てがなされていたともいう。そう考えると、レールに乗せられた者の悲哀を感じなくもない。

運命の分かれ道

①新電力向けプラットフォーム事業開始、多額の資金を集める

②電力小売り事業に進出

③卸電力取引所の電力価格が急騰、巨額損失を出す

沿革

２０１２年	12月、株式会社パネイル設立
	太陽光発電事業者の営業代行、ポータルサイト運営、部材調達代行サービスなど
２０１５年	秋以降、全国に販社を設立、自ら電力小売り事業を手がける
２０１６年	電力需給管理基幹システム「Ｏｄｉｎ」（のちのパネイルクラウド）サービス開始
２０１８年	日本卸電力取引所の電力価格が急騰
	東京電力エナジーパートナーとの合弁会社「ＰｉｎＴ」設立
２０１９年	金融機関に債務の元本返済猶予を要請、債務超過転落
２０２０年	12月、全従業員解雇
２０２１年	5月、東京地裁へ民事再生法の適用を申請

事務用機器卸 Sharp Document 21yoshida

長年の粉飾決算、会社カードを使い込んだ社長の末路

所在地　宮城県仙台市若林区卸町東2-2-2
代表　吉田淳一氏ほか1名
資本金　1億1000万円
負債　約82億7400万円（吉田ストアとの2社合計約105億6400万円）
2021年7月15日民事再生法適用申請

なぜこんなに負債が膨らんだのか——2社合計約105億6400万円もの負債で関係者に衝撃を与え、東北で2021年最大の倒産となった株式会社Sharp Document 21yoshida（以下SD21ヨシダ）と、関係会社の株式会社吉田ストア（福島県会津若松市）は、融資を得るために金融機関に提出していた決算書の粉飾を10年以上繰り返し、架空リースによりリース会社から多額の資金を得ていた。

会社名に「シャープ」を冠し全国展開

会社名に「シャープ」の使用を許され、シャープ（東証プライム）からの出資を背景に得意先の信用を獲得、当初の業績は順調な推移をたどった。

ＳＤ21ヨシダの設立は２００２年10月。福島県会津エリアの事務機器販売で実績のあった株式会社吉田ストアの関係会社としてスタートした。シャープ製複合機のリース・トナー・カウンター料金を一本化する「ＳＣＡＰシステム」という独自システムに商機を見いだし、全国に７ヵ所の営業拠点を設けて全国展開を図り、業績は順調に推移。財務内容も比例して累積黒字を蓄積し、関係者の評価も上々だった。２０１１年の東日本大震災では顧客数が減少し一時的に業績が悪化したが、成績優秀者に対する褒賞旅行制度を設けるなど成果主義を強め、シャープのドキュメント部門では全国上位に入り、２０１４年９月期には約25億円の年売上高を計上するまでに成長した。

しかし、この時期の決算内容は、すでに悪質な粉飾に次ぐ粉飾にまみれていたようだ。民事再生申立書によると、粉飾を始めた時期は２００６年。設立から数年後だったという。東日本大震災後に資金繰りに窮した際には、複合機の架空リースに手を染め始めた。この架空リースとは、１台の複合機の販売に対し、二重のリース契約を組み、二重の販売代金が入金となる不正な手法である。この手法は複合機の仕入れ代金も発生しないため原価が抑制され、損益計算書上の粗利益率が改善されるなど、実態の利益率との乖離《かいり》が生まれる。

皮肉なことにこれが会社の対外信用をさらに高めたようだ。金融機関に提出する見かけ上の決算書の内容が良くなり、「融資を受けやすくなった」（申立書）という。地方銀行を中心に借入明細と現預金明細、リース債務などが違う決算書を複数作成し、融資を引き出した。一方で複合機販売1万台を目標とし業績の拡大と従業員教育を図るため、架空リースの回数も増やした。「銀行借り入れ」と「リース債務」という、金融機関に提出した決算書上には見えない簿外債務が膨れ上がっていった。

複数の決算書で粉飾発覚

仙台市のSD21ヨシダ本社ビル

SD21ヨシダは、対外信用を高めるためか、信用調査機関には丁寧に対応していたが対外公表していた2020年9月期の決算内容では、負債合計は約11億円、純資産合計約8億円で自己資本比率は40％超。売上高約35億円に対し最終利益は約3000万円と、優良企業だと判定されるよう繕《つくろ》っていた。一方で、過年度より粉飾を疑う情報があり、決定打となる確証がなかったものの、2021年に入り内容が異なる複数の決算書が存在することが判明。驚くことに宮城県外の地方銀行を中心に、多額の融資を行う複数の「自称メインバンク」が存在し、4月には少なくとも簿外債務が20億円以上あることが分かった。

そしてこの情報が、事業譲渡を決断する決定的な事象へと繋がったようだ。メインバンクが2021年4月にSD21ヨシダの預金口座を凍結。このため、業者への支払いが困難となり、社長の個人資産を支払いに充《あ》てざるを得なくなったという。新型コロナウイルス感染防止を理由に、事実を確認したい関係者からの訪問アポイントを頑なに拒否していた吉田社長は粉飾決算を認め、5月中旬以降、弁護士同伴で関係者への事情説明を余儀なくされた。

社長への貸付金33億円、あきれた公私混同

「怒りを通り越してあきれた」と説明を受けた関係者。社長・弁護士からの説明のなかで明らかとなった経営実態は、予想以上に酷い内容だった。簿外債務は20億円どころでなく「70億円」。そしてその主な使途は「赤字の穴埋め」（31億円）だけでなく、社長への巨額の「貸付金」（33億円）だった。架空リースを繰り返し行っていたため、リース料の支払いが増えていたほか、複合機販売の競合激化で1枚当たりのカウンター料金を値下げせざるを得なかったことで、実際は30億円以上の赤字となっており、大幅な債務超過に陥っていた。

さらに驚くべきは、33億円にも及ぶ社長の貸付金の使い道だ。大半が「遊興費」と「株式投資失敗への穴埋め」だったという。社長は「取引先の接待や従業員の慰労のため」（申立書）として、会社名義のクレジットカードを使用し、数百万円から1000万円以上に及ぶ高額な海外旅行、数千万円の高級ブランド品の購入、証券会社への投資で発生した7億円もの損失の穴埋めに充てていた。なかには、会社や事業とまったく関係ないとみられるネットショップでの物品購入も多数。毎月多額のカード決済を行い、2016年以降の年間の使い込みは3億〜4億円に及んでいたという。また、年間10回程度の従業員の褒賞旅行には代表者に100万円の餞別を会社から渡していた。「これほどの額を消費するのも難しい」「公私混同の極みだ」と憤る関係者。地元の福島県郡山市に2021年6月に完成した社長の新築の自宅は、一度も居住することなく関係者に差し押さえられた。ある同業者によると、「社長の国分町（仙台の歓楽街）での豪遊は有名だった」という。

社長の刑事告訴も検討

申立書には粉飾に手を染めた理由として「複合機の契約目標台数1万台を達成すれば、その利益から架空リースの支払い及び金融機関への返済を実現でき、架空リースや不適切な融資への依存を解消できると考えていた」。貸付金については「従業員の士気を高めること及び取引先の歓心を買う等を目的に旅行代金及び飲食代金を支払い」と記述されているが、信じる関係者はいないだろう。

民事再生手続きを申し立てたSD21ヨシダと関係会社の株式会社吉田ストアは、2021年10月にスターティアホールディングス（東証プライム）がスポンサーに決定。同社子会社のスターティアリードに複合機販売事業や7000にも及ぶ顧客、従業員を譲渡し、2022年9月までに解散・民事再生手続きが終了し、両社は事実上消滅した。

吉田淳一社長と、その父で会津地区の名士だった吉田榮治会長は、個人でも破産手続きを申し立て、2021年9月までに破産している。さらに吉田淳一社長は、悪質性の高さから関係者より刑事告発され、2022年6月に福島県警より「債務超過に陥っていることを隠し、粉飾した決算書などを金融機関に提出して融資をだまし受けた」として逮捕・起訴された。2023年1月に福島地裁より懲役4年7ヵ月（執行猶予なし）の有罪判決を受け、即日収監された。

最後に今回の倒産のケースで、粉飾決算を見抜けたかもしれない、あるいは融資先として不適切と判断できたかもしれないポイントを紹介する。

・税務申告書表紙の税理士印が簡易な「認め印」

・融資の大半が担保を取らないプロパー融資
・リース契約の際、現物納品確認を拒否
・月次の試算表が開示されない、もしくは拒否
・メインバンクでも社長とのアポイントが困難
・社長の自宅・拠点が確認しづらい県外（福島県）
・同業者に社長の金遣いが非常に荒いのが有名

金融機関にとって試算表の入手は特に重要な要素だ。粉飾決算を行っている場合、同時に矛盾なく複数作成することは煩雑で難しいため、正当な理由なく「開示されない」「拒否された」場合は疑うポイントになるだろう。社長の金遣いの荒さもその資質を判断できるポイントの一つだ。

しかし、決算書の内容が非常に良く、大手有名メーカーの名称・出資もある企業を疑い、粉飾を見抜くのは非常に困難とも言える。粉飾が判明した場合、今回のように倒産に至るまであっという間である。一方向の情報だけをうのみにする「性善説」だけでは危険。疑ってみてばかりの「性悪説」では取引・売り上げを増やせない。大事なのは「性善説」と「性悪説」のバランス。先入観なしで複数の関係者などから事実を確認していくことが重要である

とあらためて感じた倒産劇だった。

運命の分かれ道

①会社設立当初から二重のリース契約で粉飾に手を染める

②33億円にも及ぶ社長への巨額貸し付け

③会社名義のクレジットカードでブランド品等購入、年間数億の使い込み

沿革

２００２年　10月、株式会社Sharp Document 21yoshida設立
２００６年　このころから粉飾決算に手を染める
２０１４年　約25億円の年間売り上げを記録
２０１６年　このころから社長による使い込みが膨れ上がる
２０２１年　4月、メインバンクが預金口座を凍結
　　　　　　5月以降、吉田社長が弁護士同伴で関係者に説明
　　　　　　7月、民事再生法の適用を申請
　　　　　　8月、民事再生手続きのスポンサー企業入札
　　　　　　10月、民事再生手続きのスポンサー企業が決定
２０２２年　9月、解散

出版社　水中造形センター

ダイビングブームを牽引した老舗に出版不況の高波

所在地　東京都千代田区麴町1-7
代表　舘石哲見氏
資本金　4800万円
負債　約2億4398万円
2021年7月30日破産手続き開始決定

月刊誌『マリンダイビング』を出版していた株式会社水中造形センターが事業を停止し、2021年7月30日に東京地裁より破産手続き開始決定を受けた。老舗出版社に何が起こっていたのか。

創業者は水中写真家

株式会社水中造形センターは、水中写真の草分けとして著名な水中写真家である舘石昭氏によって1958年（昭和33年）に創業された。同氏は創業前の'56年より手作りのハウジングを使って水中撮影を始め、日本初の水中ドキュメント映画『海は生きている』（'58年、羽仁進監督）の水中撮影を担当するほか、数々の水中シーンを撮影し、実績を重ねてきた。そして、'69年に国内初のスキューバダイビング専門誌『マリンダイビング』を創刊し、'77年に個人事業から法人改組。その後、水中写真誌『マリンフォト』や『アイラブダイビング』などの出版も手がけていた。

'80年代後半、日本はバブル景気のなか、スキーと共にスキューバダイビングにもブームが訪れた。これにより'87年9月期に5億2000万円であった年売上高は、'91年9月期には10億円を超えた。その後、国内がバブル崩壊にあえぐなかにおいても業績を伸ばし、ピークとなる'97年9月期には年売上高13億1000万円を計上。以降、減少に転じてはいたものの2004年まで10億円を維持していた。

広告収入減でさらに経営悪化

しかし、バブル崩壊のなかでも根強いファンに支えられてきた水中造形センターも、同業他社同様、出版不況の荒波に飲み込まれていく。翌2005年に年売上高10億円を割り込むと、売り上げ減少に歯止めがかからず、2008年9月期には年売上高約6億4600万円にダウン。その後はリーマン・ショックによる企業の広告費削減や出稿減少によって広告収入も減少し、さらに経営環境は悪化。『マリンフォト』の休刊（2015年）、本店不動産や伊豆の保養所を売却（２０１６～２０１７年）するなど収益改善に努めたが、売り上げの落ち込みに歯止めがかからず、２０１９年9月期の年売上高は2億９５００万円となった。

　こうしたなか、２０２０年に入り新型コロナウイルスの感染が拡大。出版以外の事業として手がけていたイベント「マリンダイビングフェア」の実施を例年の4月から8月に延期。8月には無事開催にこぎつけたものの、来場者は例年より少なく、小規模にとどまった。雑誌や書籍の売り上げのほか、広告収入も落ち込み、２０２０年9月期の年売上高は2億２０００万円にとどまり、４３００万円の最終赤字を計上した。加えて、同年4月にはある会社から債権譲渡登記が設定され、「マリンダイビングフェア」が開催された8月まで登記と抹消が繰り返され、売り上げの減少に加えて資金繰りの悪化が懸念されていた。２０２１年の「マリンダイビングフェア」は4月に開催したが、周辺からは「本当に資金繰りは大丈夫か」と不安の声が聞こえていた。結局その不安は的中。その後、水中造形センターは売り上げの回復見込みが立たないことから事業停止を選ばざるを得なくなった。

『マリンダイビング』は2021年8月号で休刊した

　倒産へと至った大きな要因は、出版不況と新型コロナと言えるだろう。ただし、倒産前の決算書からは不自然な点も見えてくる。一般的に企業の安全性を測るうえで自己資本比率に着目することがあるが、2020年9月決算における自己資本比率を見ると80％にのぼる。これは40％前後とされる同業種における平均よりもはるかに高く、これだけを見れば、倒産の可能性は低いレベルにあったと言えるだろう。しかし、今回注意すべきだったのは資産の中身だ。前述の自己資本比率は、資産が多く、負債が少なければ高い数値となる。

水中造形センターの資産のなかでもっとも多かったのは売掛金で、資産6億5000万円のうち4億1900万円が計上されていた。この数字は、同期の年商を大きく上回り、同業者の売掛金回転期間平均である2・6ヵ月からも大きく乖離する。破産申し立て時の資産目録を確認すると、売掛金はわずか5300万円で、決算時点から大きく減少している。中小企業の倒産事例のなかには、売掛金に回収不能のもの、もしくは本来欠損処理しなければならないものが計上されたままで、実質的には債務超過となっていたケースはよくあることだ。

水中造形センターがこのケースに該当するかは、明らかになっていないが、決算書で安全性を判断する際には、自己資本比率だけでなく、資産の中身が本当に資産価値のあるものかどうか、しっかりと確認する必要があるだろう。

運命の分かれ道

①バブル崩壊後の出版不況による売り上げ減
②リーマン・ショック以降、企業の広告出稿が急減
③新型コロナ蔓延で主催イベント順延、来場者急減

沿革

1958年	水中写真家・舘石昭氏が創業
1969年	スキューバダイビング雑誌『マリンダイビング』創刊
1977年	株式会社水中造形センターに法人改組
1988年	姉妹誌『マリンフォト』創刊（季刊）
1991年	マリンスポーツブームで年間売上高10億円を突破
1994年	『マリンフォト』を月刊誌に
2005年	出版不況で売り上げ減、年10億円を割り込む
2015年	雑誌『マリンフォト』休刊
2016年	本店不動産、伊豆保養所を売却
2020年	主催イベント「マリンダイビングフェア」を順延
2021年	7月、破産手続き開始決定

パン・洋菓子店経営　ベルベ

地元に愛されたベーカリーの「粉飾決算」

所在地　神奈川県大和市大和東3-13-3
代表（事業停止時）　石川民夫氏
資本金　1200万円
負債　約58億円
2022年3月8日破産手続き開始決定

コロナ禍でも都内や神奈川県に新規出店を続けていた株式会社ベルベが、2021年11月9日に事業を停止し、自己破産申請の準備に入った。代表の連絡難をきっかけに事態が急変し、倒産後に明らかとなったのは「簿価5倍にのぼる粉飾決算」の疑い。多くのファンに愛された〝優良ベーカリーチェーン〟の倒産を追った。

積極的な新規出店で業容拡大

ベルベの創業は1973年。創業者の石川民夫氏が製パン大手の工場勤務を経て、横浜発祥の新興ベーカリー（当時）で総務課長に従事。8年の業界経験をもとに独立した。創業以

閉店したベルベの店舗

来、「手作り製法にこだわり妥協しない」をモットーに「１店舗・１工房」の体制で、各店舗で手間暇をかけた手作りのパンを売りにしていた。「ベルベ」の名称で、路面店のほか、大手町や霞が関のビジネス街、汐留、台場、豊洲などの商業施設内にも店舗を構え、神奈川県を中心に東京都、静岡県に計28店舗を展開していた。

毎年２～３店舗を新規出店し、一定額の月商を下回る店舗は順次閉店するなど、積極的なスクラップアンドビルドを繰り返し、安定した収益を確保。２０２０年６月期の年売上高は約25億６０００万円（会社公表値）を計上するなど、県内上位クラスの売上高を誇った。２０２１年９月18日にオープンした静岡・裾野店では、パンを買い求める人々が列をなす盛況ぶりだったという。消費者や取引先、金融機関などからは直前まで、コロナ禍をものともせず拡大基調を続ける「優良企業」と見られていた。

代表の連絡難で事態急変

事態が急変したのは２０２１年11月２日。前日まで連絡が取れていた代表の石川氏が書き置きを残して失踪。会社関係者も含め、連絡難に陥った。直前の10月下旬には借入金の返済遅延、複数の取引先に対する支払い遅延も判明。専務取締役の杉本亮氏が中心となり社外対応に当たったが、それまで経理面にタッチしていなかったこともあり、状況は刻一刻と悪化していった。

後に分かったことだが、石川代表は10月末、東京の弁護士事務所を訪問していた。ベルベの今後について相談するためだが、この時点では破産ではなく民事再生を検討していたという。しかし直後に代表自身が連絡難に陥り、再生計画自体を早期に立てることができず、事業継続が困難な状況に追い込まれていった。

11月5日時点では、取引先からスポンサー支援の紹介案件が複数持ち込まれていた。だが、具体化するには時間がなさすぎた。

週明け月曜の8日夕刻、1枚のFAXが取引先各社に届いた。「都合により本日をもって、ベルベ全店の営業を終了させて頂くことに致しました」――。8日当日も午前中まで通常通り営業を続け、ピーク時400名を超えた従業員にも、直前まで倒産の事実は知らされなかったという。

金融機関も異変に気づかず

11月15日、弁護士から届いた受任通知書の一文は、関係者に大きな衝撃を与えた。「債務者（筆者注・ベルベ）は、現段階では約52億円の負債を抱え、約定どおりの弁済が不可能となり、今後の事業の継続も困難な状況にあります」――。直前まで「優良企業」だったはずの会社が突然倒産したうえ、関係先に提出していた決算書の負債額（＝約10億円）とあまりにかけ離れていたからだ。

簿価の5倍にのぼる粉飾決算の手口は、事業停止した時点で判明していない。おそらく借入金の多くを簿外に隠し、その分を売上高に過大計上していたのだろう。詳細は弁護士による債権・債務の調査結果を待つほかないが、決算書を見るプロフェッショナルである金融機関の大半が異変に気づけなかった事実は重い。「関係先ごとに複数の決算書を提出していたようだ。問題のある融資先との認識もなく、使い古された手法だが見破れなかった」（取引金融機関）。倒産後の追加取材で明らかになったことだが、２０２１年の春先から夏ごろにかけて、取引先に対する支払いぶりが一部で悪化していた。こうした予兆を察知してか、５月時点で融資金の回収にいち早く動いた取引銀行もあったようだ。

身の丈を超えた出店戦略

「味もコスパも良く、店も繁盛していると思っていた。驚きしかない」（40代主婦）。事業停止判明後、インターネット上には突然の閉店を惜しむ声が多数寄せられた。

ベーカリーチェーンの倒産としては過去最大となる50億円超に膨らんだ負債額についても、疑問の声が上がっている。負債の大半は金融機関からの借入金と見られ、店舗のスクラップアンドビルドを繰り返す中で債務が増加した可能性が高い。とはいえ、「金額が大きすぎる。粉飾が長期にわたり行われた可能性を含め、借入金の使途について今後詳しい調査が必要だろう」(取引先)。

経営面全般を掌握していた代表が何も語っていない以上、真相はやぶの中だが、「身の丈を超えた出店戦略」と「古典的な粉飾手法」の破綻により自らの首を絞めたことは間違いなさそうだ。

最後は、新型コロナウイルスの感染拡大と原材料高という「外部環境の急変」がとどめを刺した。多くのファンに愛された〝優良ベーカリーチェーン〟は、こうして事業継続の道を絶たれた。

運命の分かれ道

① 店舗のスクラップ&ビルドの過程で債務が増加

② 負債額を5分の1に圧縮する粉飾決算に手を染める

③ 新型コロナウイルスの蔓延、原材料高騰で資金繰り逼迫

沿革

1973年　新興ベーカリー元総務課長の石川民夫氏が創業
1976年　法人に改組
2010年〜　神奈川、東京、静岡に積極的に出店
2020年　過去最高の年間25億円の売り上げを記録（会社公表値）
2021年　9月、静岡・裾野店オープン。客の行列ができる
10月、借入金の返済遅延、取引先に対する支払い遅延判明
11月、社長が書き置きを残して失踪。事業停止
2022年　3月、破産手続き開始決定を受ける
2023年　12月、創業者の元代表が詐欺容疑で逮捕される

電力小売り・太陽光発電パネル製造　アンフィニ

電力政策の変転に翻弄されつづけた15年

所在地　大阪府堺市堺区熊野町東1-1-2
代表　親川智行氏ほか1名
年売上高　約53億4600万円（2021年3月期）
負債　約86億8764万円
2021年9月30日民事再生法適用申請
2022年5月10日破産手続き開始決定

電力小売り業者のアンフィニ株式会社が2021年9月30日に東京地裁へ民事再生法の適用を申請した。シリコン製造から太陽光発電パネル開発、メガソーラー、そして電力小売りと、この15年間にわたり電力事業の最先端を走ってきた。FIT法改正、多額の補助金、中国のエネルギー政策の転換、電力小売り事業での卸電力価格高騰など、電力にまつわる狂乱とも言える時代の波に翻弄されたアンフィニの倒産までを追った。

セキュリティー機器からシリコンへ

アンフィニは１９９５年12月に設立。当初は業務用セキュリティー機器の開発・製造を手がけ、大阪のパチンコホールへ販売し、一方でパチスロマシンの液晶部分のリサイクルも行っていた。当時の年商は１億円に満たなかったが、そこから徐々に業容を広げていく。

原動力となったのは主業だったセキュリティー機器ではなく、パチスロマシンのリサイクル事業。リサイクル事業で派生した再生資源（シリコンウエハー、非鉄、液晶）販売は好調で、特にシリコンウエハーは太陽光発電の受光部に利用されたことで受注が急増。２００８年３月期には年売上高が10億円を超えると、そこからはメーカーの生産工程で発生するシリコンの端材の仕入れを開始し、シリコンウエハー製品やその原料を販売するシリコンリサイクル事業者へ業態転換。上場企業などにも取引を広げていった。

シリコンから太陽光へ

シリコンで10億円超の売り上げを安定的に確保していたが、２０１２年に再生可能エネルギーの固定価格買取制度（ＦＩＴ）が開始されると、２０１３年３月期には年売上高約35億７１００万円と再び大きく躍進する。当期にはそれまでのシリコンリサイクル業から太陽光発電システムの企画販売へと二度目の業態転換を果たしていた。この頃には複数の関係会社を設立。アンフィニグループを形成し、太陽光発電パネルのファブレスメーカー、代理店へのパネル卸業者、そして太陽光発電システム・オール電化機器の訪問販売業者の3つの顔を持つ太陽光発電グループとなっていた。

さらに西日本を中心に複数のメガソーラー発電所の建設にも着手していき、2014年3月期には一気に年商100億円を超え、2017年3月期にはメガソーラー売却などで年商165億円を計上し破竹の勢いで突き進んでいった。収益面では発電事業拡大に伴う営業利益率低下などはあったものの、毎期経常利益約5億円を安定的に計上。監査法人を選定して東証マザーズ（当時）への上場を視野に入れた動きも見せていた。

アンフィニグループが同業者に比べて優位だった点は、太陽電池の基幹部分であるセルの原料「シリコン」の精製を行っていた経験だ。太陽電池用の高純度のシリコン精製や、シリコン廃材をリサイクルする技術などを有していたことで、単に仕入れて売る業者と一線を画すことができたと言えよう。代表の親川氏は勉強熱心で、取引先や金融機関に対してもシリコンについて丁寧に説明を行うことにより信頼を獲得。当時の銀行担当者は「親川社長はものすごく研究している。社長からのシリコンについての説明は大学の講義を受けているようだった」と、その知識と熱意に舌を巻いていた。バイオマス発電や地熱発電など他の再生可能エネルギーへも参入を果たし、アンフィニの知名度は業界内で高くなっていった。

電力自由化で小売りに参入

２０１６年にスタートした電力自由化に向けての準備も余念がなかった。２０１２年には「Ｊａｐａｎ電力」ブランドを立ち上げ、いち早くブランド浸透を図る。買い取り価格低下に伴うメガソーラー事業が下火となると、２０１８年3月期には電力小売りが主力事業となり、「エネルギーの総合企業」を標榜《ひょうぼう》するようになる。電力小売り参入当初は大規模な工場や商業施設向けとなる高圧に特化していたが、徐々に小規模な工場やテナントビル向けとなる低圧案件の獲得にシフト。同期は買い取り価格低下や大型メガソーラー売却などがなかったことで、年売上高こそ約１１６億円と大幅に減少したが、経常利益は約7億６０００万円と過去最高を計上。いま思えば、このころがアンフィニのピークだったと言え、のちに無理な拡大と無謀な設備投資のツケを払い続けることとなる。

最大の失敗

アンフィニの最初にして最大の経営判断の失敗は、２０１7年7月に福島県双葉郡楢葉町に開設した福島工場だろう。１万坪の敷地に延べ床面積５０００坪、最新鋭の生産設備を備える太陽光発電パネル製造工場で、総工費75億円をかけて建設が進められていた。この工場建設にあたり、アンフィニは原発被災地である福島県で60名を超える雇用を創出することを条件に津波・原子力災害被災地域雇用創出企業立地補助金の第三次公募企業に採択され、49億円もの税金が投入された。そして残りの約26億円は福島県の金融機関からの資金調達で賄《まかな》った。

しかし、2017年ごろの世界の太陽光発電パネル市場は、価格競争力に勝る中国製が業界を席巻《せっけん》。また電気事業者による再生可能エネルギー電気の調達に関する特別措置法（FIT法）により、制度開始直後の2012年7月に40円だった事業用太陽光発電の買い取り価格が、同年には21円まで下落しており、国内のパネル事業は向かい風にさらされていた。

そして、福島工場開設から1年も経たない2018年5月、中国政府は太陽光発電設備に関する支援策の見直しを発表する。電力買い取り負担の増加や、天候などに左右される不安定な再エネの発電量増加に伴う送電能力の問題などによるものだった。これにより中国本土での太陽光バブルははじけ、安価な中国製パネルが大量に日本に流入。アンフィニのパネル事業はさらなる苦境に立たされる。福島工場ではパネルを作れば作るほど赤字が膨れ上がることとなり、2019年3月期の営業損失は約4億5200万円に至っていた。さらに、事業を縮小しようにも多額の津波・原子力災害補助金が投入されたことでリストラや工場閉鎖は困難で、「作れば作るほど赤字なのにリストラはできない」というジレンマに陥っていた。そして、この福島工場に起因して二度目の蹉跌《さてつ》を経験することとなる。

銀行との関係に暗雲

福島工場の一件で大幅に資金繰りが悪化したアンフィニは、２０１９年6月に金融機関へ返済猶予を要請したが、その交渉は難航する。その背景には福島工場開設を快く思っていなかった取引銀行の存在が挙げられる。多額の初期投資と不安定なパネル市場、さらにはファブレスメーカーという経営の身軽さを捨てる経営判断に対して、取引銀行は以前より不安を感じ、結果としてそれが顕在化。経営判断ミスは看過できなかったということだろう。福島工場の建設にあたっては多額の補助金に加えて、新たに福島県の地銀東邦銀行から調達した資金が投じられた。東邦銀行としては地元に雇用を生み出し、再生可能エネルギーを推進する地元の方針にも合致するこの工場建設に融資をしないという選択肢は選びにくかっただろう。メインバンクはもちろんのこと、長年の取引行があるなかで、借入残高だけは東邦銀行が約30億円と突出。取引銀行の内訳も関西で9行、福島県で6行と二分されることとなり、利害が異なる取引行を抱えたことで、銀行取引は歪さを増していく。

金融機関との関係を決定的にしたのが、返済猶予要請後に行われた財務デューデリジェンス（査定）だ。それまでの6億円の資産超過から14億円超の債務超過に一気に転落。20億円以上の資産減少が発覚する。その要因はメガソーラーの未売却や棚卸し資産の評価減、回収不能とみられる貸付金などで、複数の取引銀行がこれを粉飾決算と捉えた。取引銀行には10年後に債務超過を解消する再建計画が提出されたものの、減価償却不足を指摘されたほか、福島工場の使用方法などでも意見が分かれ、交渉は暗礁《あんしょう》に乗り上げていた。

卸電力市場が高騰

福島工場の設備投資失敗と返済猶予要請に伴い新たな資金調達が限定されたことを受けて、アンフィニの事業の軸足は電力小売り事業に移行し、倒産直前には売り上げの80％超を電力小売り事業が占めていた。２０２０年11月までは同事業の収益は安定し、太陽光関連事業に代わる収益源となっていた。

しかし、アンフィニもこれまでに倒産してきた多くの電力小売り業者と同様、魔の２０２０年12月を迎えることとなる。12月下旬から２０２１年１月中旬まで断続的な寒波襲来により国内の電力需要が急増し、さらに液化天然ガスの在庫が減少したことなどで電力需給は逼迫。これに伴い卸電力市場への売り入札が減少し、従来1キロワット時あたり8～10円程度だった市場価格は一時、１キロワット時あたり２５０円と高騰。市場での高価格帯での取引を余儀なくされたうえ、さらに顧客の需要分に足りない電力を送電業者が賄うことで発生するインバランス料金約５億５２００万円を負担することとなった。ただでさえ苦しい資金繰りに電力市場の価格高騰が襲いかかり、窮地に立たされることとなる。

必然の倒産と言えるのか

福島工場では経産省と協議のうえ、時限的に従業員のリストラが行われたが収益が改善することはなく、インバランス料金の支払い負担がのしかかったことで資金繰りは悪化。そのうえ、インバランス料金の負担リスクを避けるために電力会社からの調達比率を上げざるを得ず、結果として調達価格は上昇、利益率はさらに悪化してしまう。このため発電所売却などによる資金確保を行ったが、悪化する収益の前には焼け石に水だった。

銀行との返済猶予の交渉もなんとか同意は得られていたものの、一部の銀行では資金繰り状況を踏まえ、７月には格付けを「実質破綻先」まで引き下げていたという。結局資金は底を突き、自主再建の見通しが立たないことから9月30日に東京地裁へ民事再生法の適用を申請した。２０２２年5月10日には同地裁から破産手続き開始決定を受けた。

セキュリティー機器からシリコンを通じて電力事業に参入し、シリコンから太陽光発電パネル、メガソーラー、そして電力小売り。素材を通じて電力に関わり始めて15年。日本の電力政策の変化を真正面から受け続けたアンフィニの倒産は必然と言えるだろうか。

世界的な潮流となっているＳＤＧｓや脱炭素などに多くの投資が行われている。これらの問題に積極的に取り組むことは産業界の使命と言えるが、経営者はこれらの使命と、自社の資金力、財務バランス、収益状況、経営理念、会社の将来、そして社員や株主の未来を絶えず天秤にかける必要がある。アンフィニが手がけた太陽光発電はクリーンエネルギーで、福島工場開設には復興支援、被災地での雇用創出という大義名分があった。そして、電力小売りは市場競争の活性化やサービス拡充を目的に国が推し進める施策だ。

しかし、ただその社会性と大義名分に寄りかかるだけの経営では、天秤はあっという間にバランスを失い、結果として不幸な人を増やすこととなる。そのことは忘れてはならないだろう。

運命の分かれ道

①福島・楢葉に1万坪の巨大太陽光パネル工場を開設

②中国政府の政策見直しで安価な中国製パネルが日本に大量流入

③多額の津波・原子力災害補助金を受給しリストラ困難に

沿革

1995年	12月、株式会社アンフィニ設立。パチンコホール向けセキュリティー機器製造販売
2008年	リサイクル事業で派生したシリコンウエハーが受注急伸、売り上げ10億円突破
2012年	再生可能エネルギー固定価格買取制度開始で売り上げ35億円突破
2013年	太陽光発電システムの企画販売に進出、メガソーラー建設
2014年	売り上げ100億円を突破
2017年	7月、福島・楢葉に総工費75億円で工場開設
2018年	電力小売りが主力事業に 中国政府の太陽光発電施設支援政策見直し
2019年	6月、金融機関に債務返済猶予を要請。債務超過に転落
2020年	12月、寒波襲来で日本卸電力市場の市場価格が高騰、巨額損失が発生
2021年	9月、民事再生法の適用を申請
2022年	5月、破産手続き開始決定

第2章

引き際を見失った創業者
実の息子が更生法申し立て

2022年
1〜6月
報告

「カワスイ 川崎水族館」運営 アクア・ライブ・インベストメント など4社

生き物購入に多額の資金、新型コロナで集客大苦戦

所在地　東京都千代田区内幸町2-2-3
代表　坂野新也氏
2022年3月28日民事再生法適用申請

「川崎に水族館ができるらしいよ」当時、街を歩く若者の何気ない会話を覚えている。「カワスイ 川崎水族館」（以下、カワスイ）を運営していた株式会社アクア・ライブ・インベストメントなどグループ（以下、カワスイグループ）は、2022年3月28日、東京地裁に民事再生法の適用を申請した。既存の建物に水族館を作る試みは日本初と言われ注目を集めていたが、2020年7月の開業からわずか2年足らずでの倒産となった。

「水族館の神」がプロデュース

2018年春、JR川崎駅前の商業施設「川崎ルフロン」の運営会社が水族館誘致のコンペを開催したことをきっかけに、カワスイプロジェクトはスタートした。

都市型水族館のカワスイは、「世界の美しい水辺」をテーマに、世界各地の生きものを展示している。既存の建物に水族館を併設するには、水の重みなどを考慮しなければならないため、大型の水槽はないが、光・音・映像などのデジタル技術を駆使し、人間の五感を刺激する新感覚エンターテインメントがコンセプトとなっている。アフリカ、南米、アジアなど各エリアに分かれ、他の水族館では見られない珍しい生きものを見られるのが特徴的だ。

プロデュースしたのは、坂野新也氏（アクア・ライブ・インベストメント、アクア・ライブ・ネイチャー代表）。1970年代に沖縄海洋水族館（現・沖縄美ら海水族館）プロジェクトへの参画以来、葛西臨海水族園、サンシャイン国際水族館（現・サンシャイン水族館）のリニューアル、足立区生物園、東京ディズニーランドのカリブの海賊、ジャングルクルーズなど名だたるプロジェクトに携わってきた人物で、業界では「水族館の神」と呼ばれていた。当時70歳を超えていた坂野氏にとって、カワスイプロジェクトは大きな挑戦であった。

コロナ禍での厳しいスタート

カワスイがオープンしたのは2020年7月。開業に向けて多方面にアナウンスをしていたが、コロナ禍も重なって好スタートとは言い難い状況だった。開業前に内装工事などの遅延が発生し、工事代金の十分な検討や工期の確保も行わないまま、急ピッチで開業への作業

カワスイ・川崎水族館

を進めた。いざ開業しても、当時は国内で新型コロナウイルスの感染が拡大し、1回目の緊急事態宣言が解除されたばかりの頃。不要不急の外出自粛の要請により消費者心理は冷え込み、解除以降も入場者数の制限や営業時間の短縮など営業へのダメージは計り知れなかった。

民間の水族館では通常、収入の7割以上を入館料が占め、来館者のニーズにいかに応えるかが運営上重要であると言われる。申立書によると、当初見込んでいた月間の入館者数約5万人に対し、実際は3万人から3万5000人と60〜70%で推移し、月次で赤字を散発していた。

2021年の年明け以降も、緊急事態宣言やまん延防止等重点措置の影響で、グループ全体で資金繰りは逼迫、開業前の追加工事代金も重くのしかかった。この間、賃料の減免ほか、金融機関に対する返済猶予でつないだ。その後もオミクロン株の影響など厳しい営業環境は好転せず、追加の資金調達や金融機関からの借り入れも限界となり、ついに民事再生法の適用を申請するに至った。

帝国データバンクが速報を発表すると、消費者からのコメントには「早かったな」「やっぱり」など厳しい声が聞かれた。水族館の運営には文化的側面があり、経営という側面が忘れられがちである。かつて〝神〟とまで呼ばれた坂野氏でさえもイメージが先行してしまい、経営の舵取りが十分であったとは言い難い。

その後、カワスイグループはスポンサーを事前に選定するいわゆるプレパッケージ型で事業を継続している。カワスイの受付担当者は「まん延防止等重点措置が解除されて以降、入館者数は増加傾向にある」と話す。引き続きコロナ禍に加え燃料高など、再生に向けての課題は多いが、今後のグループ再生に注目が集まっている。

「GK－TKスキーム」による資金調達

ここまでカワスイがコロナによる影響を受けて民事再生に至った「コロナ関連倒産」の経緯を説明してきた。グループの負債は全体で50億円を超え、そのうち大半は特別目的会社（SPC）の川崎水族館合同会社にあると言われている。ここからは、カワスイが資金調達で使用した「GK－TKスキーム」を紹介する。

GK（合同会社）－TK（匿名組合）スキームとは、合同会社を営業者、投資家を匿名組合員として、両社が匿名組合契約を締結する手法。合同会社が匿名組合員から支払われた出資により事業に係る資産を取得し、当該事業用資産から得られた収入が匿名組合員に分配される。投資家視点では匿名組合契約を結ぶと、組合自体が法人格を持たないため、課税を受けないメリットがある。一方、営業者を合同会社に選択すると、株式会社に比べ簡易な運用が可能で維持コストが低いほか、担保権への影響が小さくなるなど、投資家、事業者双方にとってメリットがある。

カワスイグループは、4社で構成されていた。

投資家から資金を調達するために設立されたSPCの川崎水族館をはじめ、水族館の企画、設計、投資およびアセットマネジメントを手がけた株式会社アクア・ライブ・インベストメント、水族館運営の株式会社アクア・ライブ・ネイチャー、飲食・物販運営の株式会社アクア・ライブ・ギフトである。水族館を運営するため、季節需要の入館者数のばらつきによる収入の変動や、生き物の大量購入のための契約金・手付金支払いが発生することから、多額の資金調達が必要となる。同グループにおいてもGK－TKスキームを採用し、川崎水族館を窓口に、設立時には30億円近い資金を調達していた。

一般的にGK－TKスキームは、太陽光発電事業のほか不動産投資ファンド組成に使用されるケースが多いと言われる。事業者・投資家にとってメリットが多いのは前述の通りだが、匿名性ゆえ、出資者および資金の流れが不明瞭になりやすい。同様のスキームを採用する太陽光関連ほか医療機関で、倒産した後に不適切な資金の流れが明らかになったケースもある。カワスイグループでは不正の事実は確認されていないが、読者の皆さまには本稿を新たな資金調達手法を知るきっかけにしていただきたい。

運命の分かれ道

①オープン当初から新型コロナウイルス蔓延が直撃、入場制限で営業苦戦

②生き物の大量購入のためGK－TKスキームで30億円を調達

③「水族館の神」のイメージが先行、経営の舵取りに難点

沿革

2018年　コンペ開催、プロジェクトがスタート
2019年　3月、アクア・ライブ・インベストメント設立
2020年　7月、カワスイ 川崎水族館開業
2021年　緊急事態宣言発出等で資金繰り逼迫
2022年　3月、東京地裁へ民事再生法の適用を申請

鶏卵大手イセ食品グループの中核 イセ食品

引き際を見失った創業者 実の息子が更生法申し立て

所在地 東京都千代田区有楽町2-10-1
管財人 髙井章光氏
グループ連結年売上高 約539億2900万円
2022年3月25日会社更生手続き開始決定

鶏卵大手のイセ食品グループの中核企業・イセ食品株式会社とイセ株式会社は2022年3月11日、債権者（あおぞら銀行）と株主（伊勢俊太郎氏）から東京地裁へ会社更生法の適用を申し立てられ、同月25日に更生手続き開始決定を受けた。同グループは俊太郎氏の父・伊勢彦信氏を実質支配者とする鶏卵業16社で、2020年3月下旬に取引金融機関に金融債務の返済猶予を要請し、私的整理手続きを進めていた。更生法を申し立てられるまでの経緯と真相を追った。

業歴110年、初代の育種から採卵へ

イセ食品グループの創業は1912年（明治45年）、2022年で110周年の節目を迎

えた。富山の地で伊勢多一郎氏が「伊勢養鶏園」の屋号で創業し、育種改良に着手したのが始まり。明治以前は2日に1個の卵を産む鶏もいれば、時期により毎日卵を産む鶏もいるなど、鶏の種類でまちまちだったという。より多くの卵を産む鶏の育種に取り組んだ多一郎氏は、1年で365個の卵を産ませることに成功、黄綬褒章を受章した。ヒヨコの生産・販売を主軸に’62年、株式会社伊勢養鶏園人工孵化《ふか》場として法人改組（後のイセ株式会社）したが、同年多一郎氏は亡くなってしまう。

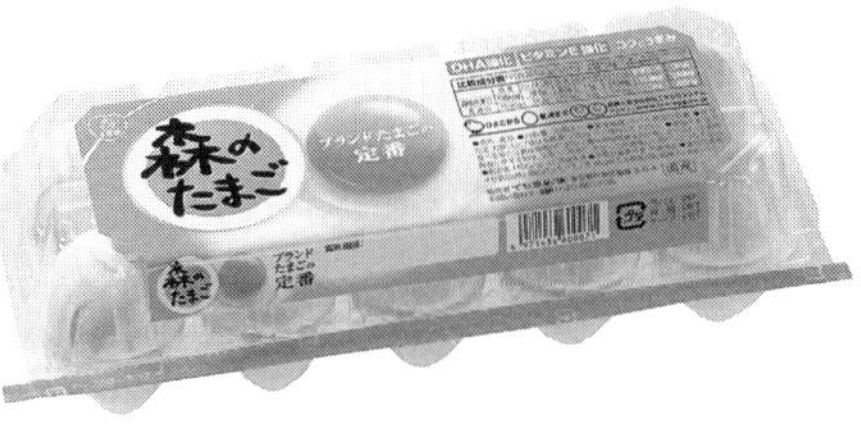

イセ食品の「森のたまご」は全国のスーパーで販売された

本格的に卵の生産・販売に乗り出し、会社を大きくしたのは息子の伊勢彦信氏。彦信氏はアメリカの養鶏技術「オールイン・オールアウト」（同じ性質の鶏を一度に鶏舎に入れ、時期が来たらすべて出荷し衛生的な飼育環境を保つ）というシステムや、「ハイブリッド」と呼ばれる種鶏（ヒヨコ）をいち早く取り入れ、北陸だけでなく関東にも進出した。’71年に株式会社伊勢養鶏園人工孵化場の販売部門を分離・独立させ、フラワー食品株式会社を設立。’82年にイセ食品株式会社へ商号変更し、同年1月期には年売上高約227億円を計上するなど、グループの中核企業となった。

美術品収集家「エッグ・キング」

日本で年商200億円を超える規模に成長し、成功を収めた彦信氏はアメリカに進出。1984年には卵の販売量が全米1位となり、『ニューヨーク・タイムズ』('86年7月)に「The U.S. Egg King is Japanese」という見出しの記事が掲載された。「エッグ・キング」と呼ばれるようになった所以《ゆえん》である。海外展開はその後も中国、アジア諸国、インドなどに触手を伸ばした。

アメリカでの成功は美術品に傾倒する萌芽《ほうが》にもなった。当時のアメリカでは企業収益の一部を芸術文化支援に使う「メセナ活動」がブームで、彦信氏もこの動きを意識していた。その活動は、グループ会社の資金で設立した一般社団法人イセ文化基金の芸術家や研究者の支援活動に表れている。個人で日本画や洋画、陶磁器、現代アートなど幅広く収集するコレクターとして有名となり、富山の事務所には美術館も併設。中立資料によると、直近では政府要人や経産省幹部から「クールジャパン戦略」への協力を要請されたことも、美術品購入の動機の一つとなっていたようだ。

鶏卵事業の流れは以下のとおり。①販売用の卵を産む鶏の親となるヒヨコを仕入れ、自社農場で育成する、②育ったヒヨコが産卵した卵(種卵)を自社の孵化場で孵化させる、③孵化したヒヨコの雌雄を選別後、雌を各地の農場に出荷、120日間育成する、④育成完了後

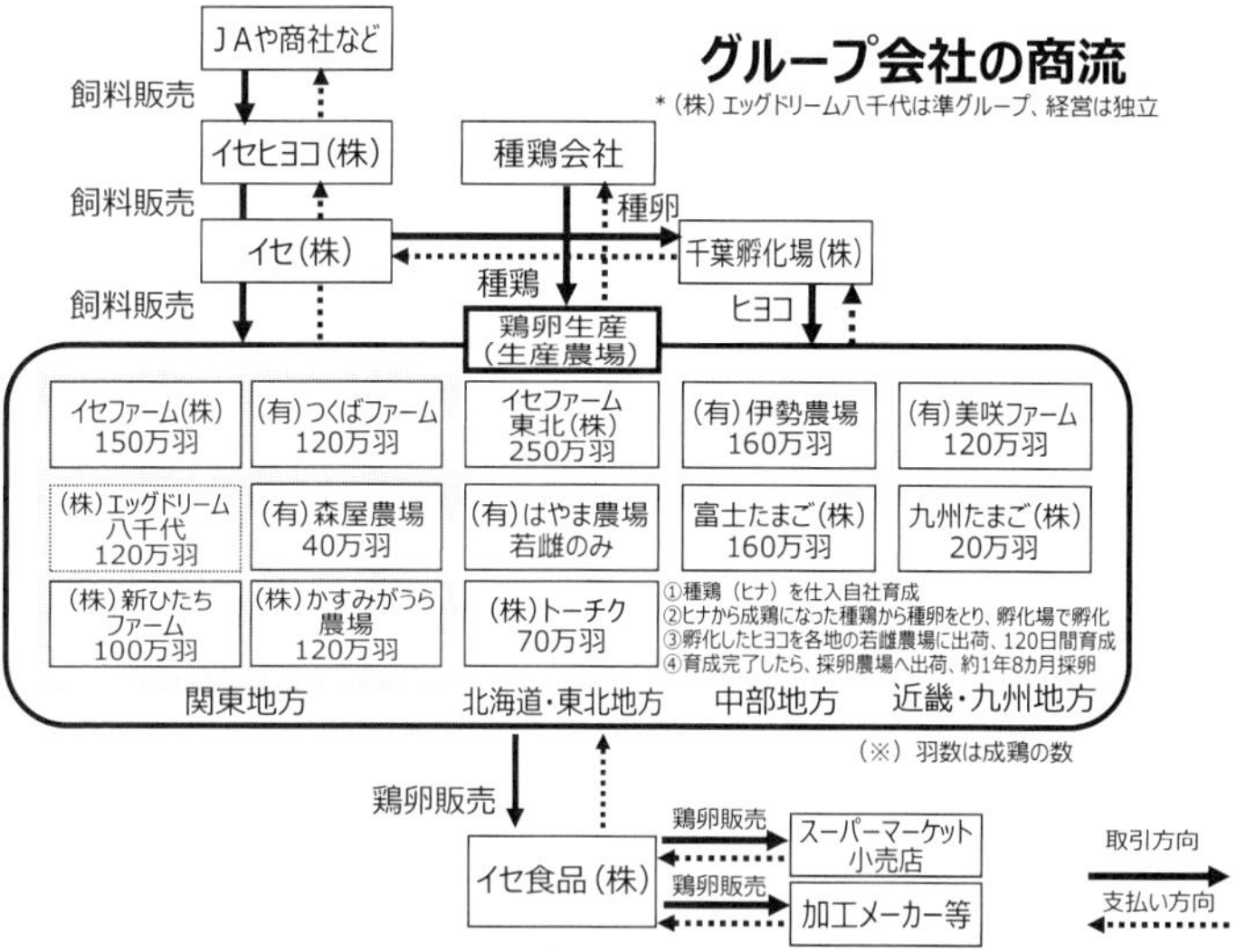

に採卵農場へ出荷、約1年8ヵ月採卵する、⑤採れた卵は、グレーディング・アンド・パッキングセンター（GPセンター）で洗浄殺菌・検査・包装を行い出荷され、スーパーマーケットやメーカーに届けられる。イセ食品グループを代表する卵は「伊勢の卵」（'89年）、「森のたまご」（'90年）で、ほかにも栄養価の高いブランド卵の路線で知名度を高めてきた。

グループ企業、鶏卵事業を行う16社のほか、直接・間接に彦信氏が株式を保有する鶏卵事業を担う会社もあった。このほか鶏卵事業以外の関連会社も存在し、それらも含めると60社を超えるグループになった。

度重なる代表交代と信用低下

1929年（昭和4年）5月生まれで、1992年に63歳となった彦信氏は、一度、当時30代後半だった長男の俊太郎氏に事業を承継している。俊太郎氏にイセ食品株式会社やグループ企業の代表取締役を譲り、自らは会長に退いたのだった。しかし、俊太郎氏は60代に差し掛かる直前に代表権のない副会長となり、彦信氏が会長兼社長に返り咲く。2017年には俊太郎氏は取締役を退任、イセ食品グループとたもとを分かち、独自のグループを形成するようになった。

経営方針の違いがあったのか詳細は不明だ。だが、一度はうまくいったと思われた事業承継が困難となり、以降、資金繰り悪化と信用低下の要因となる出来事が続いた。

まずは過大投資だ。2016年、静岡県に農場を作るため、富士たまご株式会社で設備投資を開始。100億円の投資で済むはずが、内容変更や造成費の高騰で実績値が150億円まで膨らんだ。

もう一つは、彦信氏の関連企業で行われたM&A（=企業の合併・買収、2018年7月）に関連して、ガバナンスを含めたグループ全体の信用が低下したことだ。以来、新規の資金調達がスムーズに進まなくなったとも聞かれたほか、2018～2019年の卵価低下で収益も低調に推移し、すでに資金繰りに窮していたとみられる。

俊太郎氏が去った後も、たびたび代表が変わった。申立資料によれば、銀行出身の元代表は、グループ再建のため事業再生ＡＤＲの申請を企図していたが、わずか10ヵ月で辞任。ほかにも経営幹部の退職が相次ぎ、彦信氏のワンマンぶりが問題視された。この前後からグループ各社から彦信氏個人への貸付残高が膨らんでいき、決算書に正確に記載すると金融機関との借り入れに関する財務制限条項（コベナンツ）に抵触する可能性があったため明示しない、などの不適切な会計処理がなされていたとも報告されている。

返済猶予開始も、本業は安定

足元の資金繰りに不安感が漂うなか、新型コロナの感染が拡大し始めた２０２０年３月下旬、グループ16社は50行以上の金融機関に返済猶予を要請、私的整理手続きが開始された。金融債務は年商に匹敵する４７２億１０７０万円に膨らんでいた（２０２０年３月時点）。

返済猶予を要請したのは新型コロナの打撃が大きかったからなのか。たしかに新型コロナは鶏卵業界にも影を落とした。２０２０年度の鶏卵の消費量は、巣ごもり需要で家計消費が増加した半面、業務用卵の需要の減少が大きく、前年比２・７％減（２０２０年度農水省「鶏卵流通統計調査」）。卵価も国内で初めて緊急事態宣言が発出された４月に大きく下落した。

しかし、小売店に並ぶイセ食品の卵（テーブル・エッグ）は、定価で販売されているため、相場変動の影響を直接受けることは少なかった。業務用卵の3～4月度（連結）の売上高は前年同月で約20～40％減少したが、小売店用のウェイトが高かったため「持続化給付金は受けていない。その対象となるほど売り上げが減少しなかった」（２０２０年12月取材時、財務担当者）。

コベナンツ違反発覚で信用失墜

それではなぜ、そのタイミングで返済猶予を要請したのか。それは、取りも直さず本業外への資金流出と経営管理体制（＝事業承継）への策を早急に講じなければならなかったからだろう。

資金流出については、連結対象外関連会社への出資や貸し付けなどの投融資などで約１４5億円、彦信氏個人への貸付金約45億円、イセ株式会社の多額の美術品購入が指摘された。遊休資産や美術品などの資産売却、事業の売却と彦信氏の貸付金返済が必要だった。なお、美術品はイセ株式会社が60億円で購入した多数の品目が時価総額２７０億円あり、「こちらの売却が進めば」と誰もが期待した。

経営管理体制については、ガバナンスが整っておらず、管理体制が未熟で「結果として適切でない意思決定も行われた」と申立資料で指摘されている。イセ食品グループは、彦信氏がイセ食品株式会社、イセ株式会社、有限会社伊勢農場の株式を6割以上保有しているなど、グループの経営の実質支配者。まずは、経営者責任として、「彦信氏の役員報酬の削減」や「貸付金の回収」、そして「2021年3月までに後継者の決定・交代を行い、大手商社や事業会社など外部企業との業務提携や資本提携も検討する」ことが必要だった。

2020年9月末、イセ食品グループは①2021年3月末までに伊勢彦信氏の後継者を決定し事業承継を行うこと、②彦信氏に対する貸付金の分割回収、③美術品や遊休資産などの売却による弁済などを行うことを内容とする経営改善計画書について金融機関から同意を得た。これによって取引金融機関との間で、返済期限を2021年7月末まで延長する旨の合意となった。

しかし、イセ食品株式会社に対して2020年9月30日にファクタリング（債権買い取り）会社を譲受人とする債権譲渡登記がなされ、売掛金を担保に差し出し、数億円を借りていた事実が翌10月に判明し、関係者を含め周囲は騒然とした。新たに担保を提供する際には金融機関の同意が必要であったため、期限の利益喪失の可能性があった。当時の担当弁護士によれば、「別の業者から資金調達する計画を進めていたが、デューデリに時間がかかり、ギリギリでお金が足りなくなった」という。幸い、11月後半には登記は抹消され、もともと予定していた業者から借り入れすることができた。金融機関からも注意だけで済んだようだが、同意したばかりの私的整理の計画は出鼻をくじかれ、信用力は一段と下がっていた。

形だけの事業承継

「計画が達成されないのでは」との不安がよぎるなか、案の定、期限を迎えても事業承継は達成されなかった。ようやく2021年6月、大手商社出身の田中保成氏が代表に就任したが、彦信氏は株主に残っており、事業承継を行ったとは言い難かった。そのため、事業承継については主要金融機関が「彦信氏が保有するイセ食品グループの株式を担保提供してほしい」と要請(中立資料)。しかし、彦信氏に協力的な姿勢は見られず進捗は厳しかった。

美術品の売却も進捗は見られなかった。というのも、彦信氏がイセ株式会社保有の美術品の所有権に対して見解を覆し、彦信氏個人と法人での所有権の区分け問題が浮上していた。

時間の経過とともに足元の資金繰りも悪化。イセ食品グループは2021年10月、計画の約束事項も守れていないなかで、返済猶予の期間をさらに延長して2022年7月分までの暫定的条件変更の要請を行った。美術品売却が難航していることへの代替案として、当時彦信氏が筆頭株主だったShinwa Wise Holdings株式会社(東証スタンダード)の関係会社に美術品売却を委託する計画を提示した。しかし、この計画に同意した金融機関は51行のうちわずか2行。不同意8行、未提出41行という結果に終わり、計画が受け入れられるにはほど遠かった。

特殊な会社更生手続き

2022年1月以降、イセ食品グループの資金繰りは予定していた入金がズレるなどを背景に逼迫。急遽《きゅうきょ》ノンバンクから5億円の資金を調達した。取引行の緊張が高まるなか、一部金融機関がイセ食品株式会社の預金口座を凍結したことが分かり、グループ企業の資金繰りに支障が生じるため、凍結した金融機関から要請されたとおり売掛金を担保に入れざるを得なかった。しかし、ほかの金融機関にとっては「偏頗《へんぱ》行為」（一部の債権者にだけ利益を与えるような行為のこと）となり、不満が噴出。ほかにも、複数の金融機関が別会社への債権売却を実行したり、検討し始めたりするなど足並みの乱れが顕在化。何が起きても不思議ではない状況のなか、3月11日、株主と債権者から会社更生法の適用を申し立てられた。

会社更生法を申し立てたのは株主である俊太郎氏と債権者である株式会社あおぞら銀行。対象は、彦信氏の株式保有率が高いイセ食品株式会社、イセ株式会社で、その後彦信氏が6割以上の株式を保有する有限会社伊勢農場も管財人の判断で更生手続きに組み入れられた。申し立て理由は、中核のイセ食品株式会社は2020年1月期で、実質債務超過約10億47

81万円、直近の決算動向を考慮すると支払い不能のおそれがあること、私的整理での約束事項が果たされないこと、彦信氏の非協力的姿勢によるガバナンス不全などを挙げている。

第三者申し立てによる更生手続き開始決定については、債権者や株主などに不服申立権が認められている。4月18日、イセ株式会社の株式約6割を保有する彦信氏が抗告人となり、イセ株式会社の更生手続きについて、申立人の株主・俊太郎氏と債権者・あおぞら銀行に対して即時抗告を申し立て、イセ食品グループの会社更生事件は〝第2ラウンド〟に突入するなど、一筋縄ではいかなかった。

民事再生法は、原則として前経営者が留任して再建を担うのに対し、会社更生法は、原則経営者が一掃される。グループの私的整理が不調に終わった背景に、彦信氏が金融機関との決め事に協力的ではなかった点があることを考慮すると、あおぞら銀行と俊太郎氏が会社更生法を選んだのは、経営者を一掃して健全な会社として再建する目的があったと見られる。

会社更生法であれば、一般の取引先にも影響が出るのが通常だが、本件は例外的に従前の取引条件で取引を継続するという条件のもと、取引先には全額支払うという対応となった。申立資料によると、あおぞら銀行が商取引債務の弁済を前提にＤＩＰファイナンスを提供することを検討し、実際に同行は融資を実行した。あくまで影響を金融機関にとどめたい意向だった。

鶏卵業最大手の会社が銀行とグループオーナーの子息から法的整理を申し立てられる異常事態は、なぜ生じたのか。

原因をあえて一つに絞るならば、「事業承継の遅れ」にある。当時取材した社員の話では、彦信氏は「廊下を走るほど元気で健康」で、高齢でも富山県と東京都を行き来するなど活動的な人物だ。私的整理手続きを行っている最中にも、彦信氏はシンガポールでの養鶏場事業を発表し、周囲を驚かせた。

昭和・平成・令和で巨額の富を築き成功した実業家が、自らの引き際を決めるのは非常に難しい。だが、年齢を重ねるにつれ頑迷になり、周りの意見を聞けなくなるものだろう。申立資料によれば、2021年12月から2022年1月中旬まで、主要債権者2行と彦信氏、俊太郎氏の間で事業承継に関する協議がなされ、一度は俊太郎氏への経営移譲を行う方向にまとまりかけていた。しかし、彦信氏が前言を翻し、さらには「再生計画について関知していない」など自己の責任も否定する状況だった。もし、このとき俊太郎氏への事業承継を決めていれば、法的整理という手段を使わずに再生できたのではないか。そう悔やまれてならない。

運命の分かれ道

①後継社長となった長男を退任させ、80代（当時）だった父が会長兼社長に返り咲く

②150億円をかけて静岡に直営農場を開設

③多額の美術品購入など本業外への資金流出

沿革

1912年	伊勢多一郎氏が「伊勢養鶏園」創業
1962年	株式会社伊勢養鶏園人工孵化場に法人改組
	伊勢多一郎氏逝去、息子の彦信氏が承継
1972年	販売部門を分離、独立
1982年	イセ食品株式会社に商号変更、売り上げ227億円を記録
1986年	米紙が彦信氏を「エッグ・キング」と紹介
1992年	彦信氏長男の俊太郎氏が社長を承継、彦信氏は会長に
2014年	彦信氏が会長兼社長に復帰
2016年	静岡県内に農場をつくるための巨額投資を開始
2018年～	卵の価格急落で収益に打撃
2020年	コロナウイルス蔓延で業務用卵の需要急減
	3月、グループ16社が金融機関に返済猶予を要請
2021年	6月、商社出身の田中保成氏が代表取締役就任
2022年	3月、株主と債権者が会社更生法適用を申し立て

自動車部品メーカー 三洋電機製作所

「受注が半減」国内拠点の製造業を直撃した構造不況

所在地　愛知県小牧市横内下割子287-3
代表　石川守彦氏
資本金　3000万円
負債　約15億9466万円
2022年5月30日民事再生法適用申請

自動車部品メーカーの株式会社三洋電機製作所が民事再生法の適用を申請した。業歴は60年を超え、取引先にも地元大手サプライヤーが数多く名を連ねる。突然のことに関係者からは驚きの声が多く聞かれたが、この事態に至るまでに何が起こっていたのだろうか。

「受注が半減した」

三洋電機製作所は、自動車用電装部品製造を目的に1953年8月に設立された。その5年後には大手部品メーカーとの取引が始まり、創業の地である名古屋市北区のほかに愛知県小牧市にも工場を新設するなど、順調に事業を拡大。オイルフィルター用を主体にエアフィルター用、カーエアコン付属部品、EV用インバータ部品などの金属プレス部品を製造し、2000年には本社を移転。当地区企業の一つの特徴と言えるが、バブル崩壊の影響が限定的だったことからその後も売り上げは伸び、2008年11月期には年売上高約30億円を計上していた。

最初のつまずきはリーマン・ショックだった。民事再生申請後の債権者説明会で石川社長が言及していたように、大手を中心に生産拠点の海外移転が進んだ影響を受け「受注は半減した」。実際、2010年11月期の年売上高は約16億3000万円と、2年でほぼ半減している。その後も、年売上高は15億円前後の推移が続き、赤字決算を散発するなど財務内容も悪化していた。2度目のつまずきはコロナ禍で、部材調達難や半導体不足、それらに起因する完成車メーカーの生産停滞は、当然サプライヤーの業況にも影を落とした。2020年3月期（2011年決算期変更）の年売上約13億2900万円から翌2021年3月期には約9億4200万円に落ち込んでおり、今回の民事再生法適用の申請に至った大きな理由であることは間違いないだろう。

小牧市の三洋電機製作所本社

品質水準の高度化でコスト増

ただ、根本的な要因は、おそらくコロナ禍ではない。中立書によると、「納品先からのコストカットの要求及び品質水準の高度化により、中立人（三洋電機製作所）が負担するコストは年々増大し、確実に利益率が下がっている状態であった」こと、そして「自動車自体の技術革新が進み、新しい部品の製造が必要となり、旧来の部品を製造している中立人の受注は減り続け」たことが、業況悪化の基本的な要素であるとしている。

こうした状況からの脱却を図るべく、自動車の電動化を見据えた銅（バスバー）のプレス加工に活路を見いだし、設備投資を実施したが、これらの資金を借り入れで賄ったため返済負担が増加し、資金繰りを圧迫していた。２０２１年10月には中小企業再生支援協議会（現・中小企業活性化協議会）に支援を要請し、元金支払いを停止して再生計画の策定に入ったものの、その過程で在庫の水増しが露見。金融機関との信頼関係構築が難しくなり、協議会主導で再生型私的整理を進めるプランは水泡に帰した。

つまり、コストカット要請による収益性の低下、そこから脱却するための設備投資が資金繰りを圧迫し、財務内容を良く見せたいがために不正会計に手を染め、結局中身の改善は進められずに法的手続きを選択せざるを得なくなったということになる。

果たしてこれは、三洋電機製作所だけの特別な事情によるものだろうか。

債権者説明会で、「どうやって立て直すのか」という参加者からの質問に対し中立代理人の弁護士は「トータルに儲からない構造があることも理解している」と話している。二次、三次以下のサプライヤーであれば、どこも同様の課題を抱えているのではないかという、一種の問題提起のようにも聞こえるコメントだ。中小メーカーにしてみれば、納品先からの要請にすべて応えられるほどの体力はないし、その源にできるほどの利益も得られていない、というのが本音だろう。

一方、大手サプライヤーとしても、１００年に一度の大変革期を迎えている自動車業界において、技術開発や品質向上はこれまで以上に必要で、各企業ともＲ＆Ｄ（研究開発）には莫大な予算を投入し生き残りに必死だ。こういう流れについて来られない下請け企業の面倒を見るといっても限界はある。彼らとて、ボランティアで仕事をやっているわけではない。

民事再生申立時の暫定的な試算によると、清算配当率は４・９％となっている。破産させるよりも配当は大きくできるという見込みがあるから、民事再生手続きが選択されたわけだが、肝心の再建策に関しては２０２２年６月13日に開催された債権者説明会の段階ではほとんど具体的になっていなかった。納入価格の見直しとコスト削減が主な柱であるとの説明が繰り返しされたが、これまでにやっておくべきことをやってこなかったことについて、改善の余地があると捉えるか、事ここに至ってやれることがどの程度あるのかと猜疑的《さいぎてき》に見るか、会場の眼差しは温かいものばかりではなかったように思う。

その後、2022年11月にはスポンサー企業の下で、新たな三洋電機製作所が再出発を果たしたものの、再建は道半ばといえる。

見て見ぬふりをしてきたが

コロナ禍のような大きなリスクイベントは、弱点を確実に突いてくる。基礎疾患を持つ人ほど重症化リスクが高いように、経済においてもこれまで隠されていた、もしくは見て見ぬふりをしてきた問題を表面化させた。「新型コロナウイルス関連倒産」が、すでに相当に傷んでいた企業で大半を占められているのもその一つと言えるだろう。低い収益性、過剰債務、後継者難など、こうした問題に直面した結果、「諦め型倒産」が増えているのだ。

これまでも、おそらくこれからも日本の基幹産業である自動車産業だが、その大きさゆえに業界全体が一気に変化するのは難しい。それぞれの立場でそれぞれの事情があり、互いに歩み寄ることで「共存共栄」が図れるのだろうが、言葉とは裏腹に実現は容易ではない。

変化のスピードは一様ではなく、そこから生まれたギャップの隙間からこぼれ落ちてしまう事業者がこれから出てくるかもしれない。三洋電機製作所の事例は、その一つのケーススタディなのではないだろうか。

運命の分かれ道

①海外の生産拠点がリーマン・ショックの打撃を受け受注半減

②納品先のコストカット要求、品質水準の高度化による「儲からない構造」

③在庫の水増し発覚、中小企業再生支援協議会（当時）の支援断念

沿革

１９５３年	株式会社三洋電機製作所設立（名古屋市北区）
１９５８年	大手部品メーカーとの取引開始
２０００年	小牧市に本社を移転
２００８年	年間売り上げ30億円を計上
２０１０年	売り上げが16億円に急減
２０２１年	10月、中小企業再生支援協議会（当時）に支援要請
２０２２年	5月、民事再生法の適用を申請

第3章

日産元子会社を救えなかった外資ファンドの「責任」

2022年
7〜12月
報告

自動車部品製造持ち株会社　マレリホールディングス

日産元子会社を救えなかった外資ファンドの「責任」

所在地　埼玉県さいたま市北区日進町2-1917
代表　森谷弘史氏、デイヴィッド・ジョン・スランプ氏
2022年6月24日民事再生法適用申請

世界的な自動車部品サプライヤーのマレリ株式会社は、グループ5社で2022年3月から事業再生ADRを進めていた。しかし、ADRによる経営再建はかなわず、マレリホールディングス株式会社のみ法的整理のもと債務カットを受けて事業継続することとなった。

軍需から民需へ

グループ中核の事業会社であるマレリ株式会社（旧・カルソニックカンセイ株式会社）の起源は、長尾源太郎氏が始めた軍需工場だ。海軍指定工場として、特殊ディーゼル機械用ラジエーターの製造を手がけ、1938年（昭和13年）8月に日本ラジエーター製造株式会社

として法人改組した。終戦後に自動車用ラジエーター製造へ転換、'54年には日産自動車の系列に入り、通称「ニチラ」（日ラ）と呼ばれた。'62年に東証2部上場、'73年に東証1部へ指定替えとなり、'78年3月期には年売上高約741億8900万円を計上していた。

設立50周年の'88年、商号をカルソニック株式会社へ変更。2000年には日産自動車系の株式会社カンセイ（旧・関東精器株式会社）と合併し、カルソニックカンセイ株式会社（以下、CK）が誕生。2005年、日産自動車の子会社となり、同社の北米事業の好調に伴いカーエアコンや熱交換器（ラジエーター）など部品の納入が拡大し、2016年3月期の連結年売上高は1兆円を突破。日産自動車が約42％出資する、グループ企業としては最大の部品メーカーとなった。

日産系列から離脱、KKR傘下へ

ルノーから送り込まれたカルロス・ゴーン氏のもと、三菱自動車との提携が始まっていた日産自動車が、CKとCK関連会社を米投資ファンドのコールバーグ・クラビス・ロバーツ（KKR）に売却（2017年3月）したことは、自動車業界にとって驚きのニュースだった。自動運転や電気自動車（EV）など次世代技術への投資を見据えて行われたM＆Aで、マレリホールディングスは上場廃止。独立系ティア1サプライヤーとして、日産自動車以外の取引先開拓も急務となった。

そこで、手始めにイタリアのフィアット・クライスラー・オートモービルズ（FCA）でEV製品に強い自動車部品部門「マニエッティ・マレリ」を買収（2019年）し、CKと統合させて商号をマレリ株式会社へ変更（2019年10月）。直近でも、中国市場の足がかりとして中国の空調大手・上海海立《ハイリ》集団と合弁会社を設立（2021年1月）し、事業の統合や組織再編に取り組んだ。マレリはアジア、米州、欧州、アフリカに約170の施設や研究開発センターを有す世界的な独立系自動車関連サプライヤーになった。

再上場目指すも、コロナが蔓延

日産自動車からの自立への道を歩み始め、2022年ごろの再上場を目指した。しかし、その途上で同社の減産による業績不振に翻弄された。日産自動車は、2020年3月期決算（連結）で11年ぶりに巨額の営業赤字を計上。マレリホールディングスはこのあおりを受け、マレリ単体で2019年12月期（3月期から決算期変更）には約41億9800万円の債務超過に転落し、2020年10月までに国内4工場を閉鎖した。日産自動車は2021年3月期の連結年売上高もコロナ禍で前期比20・4％減少、営業赤字は約1507億円に拡大。連動して、マレリ単体の2020年12月期の年売上高も前期比で25・5％減となった。債務超過は資本剰余金の増加により解消したが、約282億円の最終赤字を計上した。

マレリの資金調達は、同社持ち株会社であるCKホールディングス株式会社（現・マレリホールディングス株式会社、2016年10月設立、株主はKKR）のもと進められ、M&A資金などで2020年12月期の借入金は約1兆1707億円に増加した。2020年ごろからは支払いに関する信用不安も聞かれ、資金繰り悪化が懸念されるなか、翌2021年にはマレリグループのオフィス従業員約2万人の7・5％に当たる約1500人を全世界で削減する計画を発表。また、同年5月には本店の土地・建物の売却などでしのいでいた。

私的整理手続きへ

2022年2月中旬、マレリが事業再生ADR（以下、ADR）を申請する可能性が報じられ、事態は新たな局面に突入。ADRは私的整理手続きで、事業価値毀損を防ぐため、開示義務はない。だが、規模や影響の大きさから報道合戦が繰り広げられ、3月2日、マレリは事業再生ADR手続きを3月1日に申請したことを発表した（その後、グループ5社が申請対象と判明）。

ADRは金融債権者のみを対象とする私的再建手続きで、全3回の債権者会議を通じて再生計画について合意形成を目指す。同意が得られればADRが成立し、計画に基づいて金融支援が行われ、一般取引先への影響はない。しかし、1行（対象債権者）でも不同意（反対）が出ると不成立となり、法的整理に移行する。再生計画に盛り込まれる金融支援には債務カットが必要となる場合があり、そうなれば債権者の心理的な抵抗も強くなる。それでも過去のADR事案の傾向として、日本の金融機関は賛同するケースが多いが、外資系金融機関は協調しない可能性がある。マレリグループの場合、債務カットが必須のなか、金融機関の顔ぶれが注目され、外資系金融機関の複数行が対象に含まれることが知れ渡った。ADR不成立を避けるため、手続き当初から外資系を除外するADRの事例も過去にはあったが、マレリについては難しかったようだ。

続会、続々会、続々々会

当初から「そんなに早く決まるのか？」との懸念の声も聞かれた、5月末のADR成立方針のスケジュール。案の定、予定通りには進まなかった。債権者会議は全3回だが、会議で目的とする成果が得られないとき、その会議をやり直すという形をとり、それを「続会《ぞくかい》」と呼ぶ。マレリ株式会社の場合、第2回債権者会議で再生計画案を提出する予定であったが、スポンサーの選定が難航して計画案が完成せず、第2回債権者会議を4回開催した。

スポンサー候補には当初から株主のKKRが含まれていたが、これまでの経営責任についての批判も強く、自動車部品事業に携わる企業としてインド企業との協調も案としてあがっていたようだ。１０００億円以上が出資されるとの報道もあったが、結局インド企業はスポンサー候補に名を連ねなかった。最終的に、現株主のＫＫＲのみがスポンサーとなる計画案に落ち着き、全金融機関が各々約42％の債務カットの金融支援が含まれる再生計画が5月31日に提出され、計画に対する決議を採る第3回債権者会議を6月中旬に開催する予定としていた。

決戦の金曜日

実は、第3回債権者会議を控えた数日前から、各金融債権者に対して、ＡＤＲ不成立時の〝プランＢ〟の可能性が示唆されていた。それは「不同意者が出れば民事再生法に移行するが、計画案に対して5分の3以上の同意を得られれば、計画案が維持され一般取引先は債権者とはならない」というものだった。これは民事再生法の一種である「簡易再生」を用いた再建手法。簡易再生自体は、件数は少ないものの以前から行われている手続きで、２０２１年の産業競争力強化法の改正により、ＡＤＲからの即時の移行が可能となっていた。しかし、ＡＤＲ手続きと実態は遜色ないと言っても、民事再生法は法的整理であり、定義上「倒産」になる。

「万が一の案」ということだったようだが楽観視はできず、当初から債務カットに難色を示していたとされる外資系金融機関の動向が注目された。実際に同意に至るのか否かは第3回債権者会議が開催される6月24日金曜日の17時にならなければ分からない状況だった。

当日の債権者会議の会場は、記者会見の場にもなっていたため、多くの報道陣が待機していた。緊張感が漂うなか、17時20分過ぎに報道陣が記者会見場に呼ばれ、マレリの広報と申請代理人弁護士が簡易再生手続きへ移行することを説明した。当初の懸念が的中し、一部外資系金融機関の不同意でADR手続きにおける再生計画はかなわないとの結果。外資系金融機関は、日本の私的整理をよく知らず〝不透明〟という印象を持ち、事業価値が毀損しないADRよりも、法的整理のほうが理解しやすかったのだろうか。ADR同意のための実務面も多くの負担があったと聞かれ、ADRに同意するとの判断には至らなかったのかもしれない。

なお、民事再生法を申請したのは、グループの資金調達の役割を果たしていた持ち株会社のマレリホールディングス株式会社（以下、マレリHD）のみで、同社の主要な債権者はほぼ金融機関だった。それゆえ、マレリやグループ会社など基幹の自動車部品事業と関係の深い一般取引先は、民事再生法の対象債権者には含まれなかった。マレリHDのごく限られた取引先への支払いについては、民事再生法申請時に裁判所から許可を得て行っている。

本当の正念場

今回の事態はなぜ生じたのか。

ＫＫＲ主導の経営統合時の借り入れが過剰債務を招いた点は大きな要因の一つであり、ＫＫＲが責任の一端を負うことは言うまでもない。日産自動車傘下を外れてもなお、同社業績に左右される取引依存度の高さ、次世代技術への対応、日産自動車以外の取引先開拓の遅れなども複合的に絡み合う。予期せぬコロナ禍という不幸な一面もあった。経営責任については、２０２２年１月、４年間ＣＥＯを務めたボルゼニウス・ベダ・ヘルムート氏が退任。新たにデイヴィッド・ジョン・スランプ氏がＣＥＯ兼社長に就任しており、同氏の経営手腕が注目される。

マレリＨＤは金融債務の約42％が免除されるが、残りは今後返済を行っていく予定で、その計画は長期にわたると見られる。マレリグループは現在、ＥＶの動力ユニット「ｅアクスル」の開発や、電気モーターや出力を制御するインバーター、インテリアやコックピットに注力し、従来車における排ガス規制にも取り組んでいる。今後、売却する事業も複数あると見られ、今回ＫＫＲ以外のスポンサーがつかなかったことを受け止め、競争力を高めていくという課題が残る。

自動車部品業界は裾野が広い。ティア1から町の中小企業までが一体となり、生産過程で様々な要求に応えてきた。現在、CASE（ネット接続、自動運転、シェアリング、電動化）への対応を迫られるなか、半導体不足にも見舞われるなど業界全体が荒波の真っ只中にある。マレリHDのケースでは、商取引債権が保護され取引先への影響は最小限に抑えられたが、これから真の再生に向け正念場を迎えることになる。

運命の分かれ道

①米投資ファンドKKR傘下に、イタリア、中国メーカーのM&Aで借入金急増

②日産自動車の巨額赤字のあおりで債務超過に転落

③コロナウイルス蔓延による需要急減、事業再生ADRの合意取り付けに失敗

沿革

１９３８年　日本ラジエーター製造株式会社として法人改組
１９５４年　日産自動車傘下に
１９６２年　東証２部上場
１９７３年　東証１部に指定替え
１９８８年　カルソニック株式会社に商号変更
２０００年　株式会社カンセイと合併、カルソニックカンセイ株式会社に
２００５年　日産自動車子会社に
２０１６年　連結売上高１兆円を突破
２０１７年　３月、米投資ファンドＫＫＲに事業売却
２０１９年　イタリア・フィアットグループの自動車部品部門「マニエッティ・マレリ」買収、統合。商号をマレリ株式会社に変更
　　　　　　12月期、債務超過に転落
２０２１年　１月、中国の空調大手「上海海立集団」と合弁会社設立
　　　　　　オフィス従業員の削減計画を発表、本店の土地・建物を売却
２０２２年　３月、事業再生ＡＤＲ手続きを申請
　　　　　　６月、民事再生法の適用を申請

光学関連商品製造、卸　武蔵オプティカルシステム

「彩の国工場」指定　先端ものづくり企業が自己破産

所在地　埼玉県さいたま市見沼区東大宮5−18−2
代表　持田聰氏
年売上高　約8億3500万円（2021年6月期）
負債　約17億8182万円
2022年7月22日自己破産申請

埼玉県の「彩の国工場」や経産省の「地域未来牽引企業」などに認定され、県内の先端ものづくり企業として知名度を有していた武蔵オプティカルシステム株式会社が「情勢急変では」との問い合わせが2022年7月11日に入った。現地には同日付で事業停止し破産申請する旨の貼り紙が掲示され、突然の事業停止に現地を訪れた関係先も驚きを隠せなかった。

創業者は大手光学機器メーカー出身

武蔵オプティカルシステムは、大手光学機器メーカーの経理、営業畑を経験した持田聰氏

が同社を早期退職したのち、2003年8月に設立したもの。当初は同社の光学機器の販売代理業務を主力として、監視・放送用などの各種レンズやリモコン雲台、リモートコントローラーなどを映像プロダクションや放送関係先などに販売していた。得意先の開拓で売り上げを伸ばし、2006年6月期には年売上高約3億1700万円をあげていたものの、赤字を散発するなど収益性が安定しなかった。

同大手光学機器メーカー出身者が増え、光学・機械・電気技術など高いレベルの技術者を有した武蔵オプティカルシステムは、利益率を改善すべく開発・設計・製造にも参入した。2007年8月に自社開発第1号の新製品、フォーカス／アイリスリモートコントローラー「TA-FI-1a」をリリース。大手光学機器メーカーのOEM（相手先ブランド）製品として商品化された同製品の販売が寄与し、2008年6月期の年売上高は約4億2000万円に伸長。自社製品の販売が伸びたため粗利益率は改善し当期純利益約1000万円を確保した。

その後も顧客からの要望に応え、リモコン雲台、リモートコントローラー、プロンプターなどを製造受託するほか、レンズ、アダプターなど自社ブランド「MUSASHI-OPT」製品を展開。3次元測定器やUVレンズカメラ、虫の目レンズカメラのほか、4K・8Kのカメラレンズなどの特殊レンズを次々と開発。ハリウッド映画や2021年の東京オリンピックにも採用されたほか、シネマ用高倍率ズームレンズ「TAKUMI2」は2021年度グッドデザイン賞を受賞した。

この間、こうした技術力が評価され、２０１７年10月に技術力や環境面で優れた工場を埼玉県が指定する「彩の国工場」に指定、同年12月には経産省が地域経済への貢献度が高い企業を選定する「地域未来牽引企業」にも選ばれるなど県内の先端ものづくり企業としての知名度を高めていた。業績もこれに伴い伸長し、２０１９年６月期には年売上高約12億３００0万円をあげていた。

借入金増加で資金繰りが悪化

開発・製造部門の業績拡大に伴い２０１５年２月に生産センターを上尾市に移転。翌２０１６年10月には同生産センターの一部機能を北足立郡伊奈町に開設した新拠点に移転し、生産拠点を２ヵ所に拡大した。高品質な製品を開発・製造するため、より精密で高価な製造機材、設備投資の必要が生じ、２０１８年６月期に７億円弱だった有利子負債は、２０２０年６月期に13億円弱に増加していった。

２０２１年５月ごろには大口取引先への手形支払い分のサイトが１２０日から60日に短縮され資金繰りが多忙化。その場をしのぐためファクタリング（債権買い取り）業者を利用したことで資金繰りは悪化の一途をたどっていった。

2021年6月期は新型コロナウイルスの影響で業績が大幅に悪化した。国内テレビ業界や映像業界からの需要が大幅に縮小し、年売上高は約8億3500万円と前期比3割弱の減収を余儀なくされ、当期純利益は同8割減の283万円にとどまった。有利子負債は14億円に膨らみ、抜本的な経営改善がもはや待ったなしの状態となっていた。公的機関を通じて支援を得られるファンドを探したが、この時点では見つからなかった。

また、中国企業との映画用レンズの大口取引が上海ロックダウンの影響で2022年に入り頓挫《とんざ》してしまい、材料費や外注費など約2億円のキャッシュアウトが発生してしまう。

ファンドから突き付けられた「条件」

このままでは夏前に資金ショートしかねない――。切羽詰まった状況下の2022年春ごろ、公的機関を通じてあるファンドから支援の好感触を得られ、秋以降には支援の可能性が見えてきた。取引行に対して経営改善計画を提出し、秋までのつなぎ資金の融資を求めたが、取引先への一時支払いストップ、役員と従業員から資金を集めるなど逆に厳しい条件を突き付けられ先延ばしされてしまう。同年6月にノンバンクから債権譲渡登記が設定されていたのだが、この事実が取引行の姿勢を硬化させたことは想像に難くない。

つなぎ資金を得られず、5月と6月の決済は売掛金の早期回収、支払いの延期、ノンバンクの利用、そして役員と一部従業員が資金提供したことで何とか乗り切った。しかし、7月10日の手形決済分に不足が生じる事態となり、翌11日に開催した取締役会議で破産を申し立てる旨を決定。同日事業を停止し、同月22日にさいたま地裁へ自己破産を申請した。

2022年6月期の業績数値自体はまずまずで、またアメリカからはOEM製品の開発依頼もあったという。代表出身の光学機器メーカーから受け継いだ技術力は優れたものがあった。一方、金融機関とは良好な関係を構築していたにもかかわらず、なぜノンバンクを利用したのか。中国企業との大口取引にあたっては何らかの保全策をとれなかったのか、など経営面での脇の甘さがこのような事態を招くことになってしまった。各種公的機関も最後まで支えようとしたが、このような形で埼玉を代表する先端ものづくり企業がなくなってしまったのは、残念でならない。

運命の分かれ道

①高品質製品の開発・製造のための設備投資、有利子負債が倍増

②手形支払いサイト短縮に対応するためファクタリング業者を利用

③中国企業との映画用レンズ大口取引が上海ロックダウンにより頓挫

沿革

2003年　武蔵オプティカルシステム株式会社設立
2007年　自社開発製品第1号のフォーカスリモートコントローラーを発売
2008年　年売上高4億円を突破
2016年　伊奈町に新拠点をつくり、2拠点体制に
2017年　「彩の国工場」指定、「地域未来牽引企業」に選定
2021年　新型コロナウイルス感染蔓延で業績が大幅悪化、有利子負債急増
2022年　7月、自己破産を申請

食品スーパー経営　キッチンストアー

大手スーパーの進出で苦境に、コロナの影響で破産へ

所在地　栃木県足利市伊勢町2-9-30
代表　中島稔氏
年売上高　約12億2200万円（2022年5月期）
負債　約7億2348万円
2022年10月13日破産手続き開始決定

栃木県足利市内を中心に食品スーパーを運営していた株式会社キッチンストアーは、2022年10月13日に宇都宮地裁足利支部より破産手続き開始決定を受けた。

コロナ禍初期、行動制限に伴う内食需要の高まりから食品スーパーとドラッグストアは勝ち組と見られていた。しかし、大手スーパーや異業種との競争激化、行動制限緩和に伴う反動減に加え、食品価格の相次ぐ値上げによる買い控えなど地場スーパーは厳しい環境にさらされ、倒産や信用不安情報が増加している。

きめ細かなサービスで高齢者から支持

キッチンストアーは1940年に青果商として創業、'61年3月に法人改組した。栃木県足利市および群馬県太田市など両毛地区にて、「キッチンストアー」の店名で地域密着型の食品スーパー5店舗を運営していた。高齢者や近隣住民の来店客が多く、高齢者や荷物の多い利用客には、レジから駐車場まで店員が荷物を運ぶなど小規模店舗のメリットを生かし、きめ細かなサービスを徹底。高齢者を中心に昔からの固定客の支持を得て、ピーク時には8店舗を運営し、'92年5月期には年売上高約51億円を計上していた。

近年は総菜事業を強化するため、2019年12月にセントラルキッチン方式を導入し、足利市の本店2階に総菜センターを開設。「手づくりの総菜・弁当が安価でおいしい」との評判を集め、キッチンストアーの強みとなっていた。

大手スーパーの相次ぐ進出で超激戦区に

しかし、2008年以降、周辺に大型スーパーが相次いで進出。キッチンストアーが展開する5店舗から車で10分圏内の場所には、売場面積1500㎡超の大型スーパーが10店舗以上競合し、北関東で有名なスーパー超激戦区となっていた。キッチンストアーは売場面積が320〜745㎡と小さいため、大型スーパーより商品アイテム数が少なく、顧客が他店に

閉店した「キッチンストアー」

奪われるなど業績が悪化、赤字決算が続くようになっていた。

　赤字計上でも特段対策を講じることはなく、過去の剰余金の蓄積で何とか耐え忍んでいたものの、それも限界となり、金融機関からの借り入れを行うことで事業を継続。しかし、金融機関からも徐々に借り入れができなくなり、２０１９年ごろからは役員からの借り入れで何とか賄ってきた。そのころからコンサルティング会社の支援を受け、各店舗の改装やクレジット・電子決済を導入するなど若者の集客を図った。しかし、思ったように売り上げに結びつかなかったどころか、設備投資費用などの借り入れによりますます資金繰りが悪化していった。

　こうしたなか、２０２０年に入って国内でも新型コロナが発生。初年度の２０２０年度は行動制限などに伴う内食需要の高まりから、キッチンストアーにおいて売上高が前年を下回ったのは2店舗のみにとどまった。売り上げは増加したものの、コロナの第3波に見舞われた２０２１年2月ごろから4店舗で売り上げが急減。売場面積が小さいキッチンストアーの店舗は、コロナ感染を防ごうとする人や買い物頻度を減らして一度にまとめ買いしたい人に敬遠されるようになっていった。「この半年から1年は品揃えも悪く、店内もガラガラだった」（近隣住民）との言葉通り、大型スーパーに流れた顧客は戻らなかった。業績悪化に歯止めがかからないまま、2022年9月に取引先への支払いが困難となり、同月24日に事業を停止し、自己破産申請の準備に入った。

地場スーパーの倒産や信用不安情報が増加

地元の固定客に惜しまれつつも80年超の歴史に幕を閉じることとなった今回の倒産。ここから見えるのは、苦境にあえぐ全国の独立系地場スーパーの縮図だ。

スーパーマーケット各社は、企業規模を問わず集客拡大に向けた様々な施策に取り組んでいるが、少子高齢化による需要減少が進むなかで、天候不順や円安、原材料高により食品が値上がり、パート・アルバイト従業員の人件費や物流費が増加している。また、大手スーパーの進出に加えて、コンビニエンスストアやドラッグストア、ネット通販との競合など、エリアや業態の垣根を越えた競合激化の波にさらされ、厳しい運営を強いられている。

体力のある大手各社は既存店の落ち込みに対して、新規出店やリニューアルオープン、一部商品の値下げ販売により集客を維持し、カバーしている。一方、資本力の乏しい中小規模の地場スーパーでは、店舗の改装や品揃えの充実、価格訴求などの集客要件を満たせず、客離れにつながって年々売り上げが減少している企業も見られる。

こうした背景からここ数年、中小規模の地場スーパーのなかでは、単独での生き残りが難しく、同業大手の傘下に入る企業や同業への事業譲渡も出てくるようになった。なかには廃業や倒産を選択するケースも見られ、新陳代謝の動きが活発化していた。

コロナ禍初期の2020年には、緊急事態宣言など行動制限に伴う内食需要の高まりから、食品スーパーはいくつかの商品で品不足が発生するなど好調な売り上げを示し、ドラッグストアとともに勝ち組と見られていた。帝国データバンクの景気動向指数（DI）でも、2020年4月〜11月までは「飲食料品小売」のDIは8月を除き全体のDIを上回っていた。

しかし、行動制限緩和に加え、相次ぐ食品値上げにより徐々に厳しい運営を強いられるスーパーが増加。特に2022年3月にまん延防止等重点措置が解除されてから、スーパーの倒産（負債1000万円以上の法的整理）は増加しており、2022年度の累計（4〜10月）は12件と、2021年度の年間13件にすでに肉薄している。

このほか、京都や大阪で「スーパーツジトミ」を運営していた株式会社ツジトミ（京都府八幡市）が破産手続き開始決定を受けたほか、群馬で「すーぱーこいけ」の運営をしていた有限会社小池（群馬県沼田市）が事業を停止し自己破産申請の準備に入っている。また、倒産はしていないものの、仕入れ先に対する支払い遅延が発生している企業など、地場スーパーの倒産や信用不安情報が増加傾向にある。

スーパー業界は今後、企業体力のある大手企業がスケールメリットを生かしシェアを拡大する一方で、企業体力のない中小企業は差異化できず顧客を奪われるなど、優勝劣敗の構図がさらに鮮明になると見られる。

生き残りを懸けた厳しい競争のなかで、荒波を乗り越えることのできない企業の倒産など、様々な動きが今後活発化していくだろう。

運命の分かれ道

①店舗周辺に大型スーパーが相次いで進出、超激戦区に

②赤字計上に対して特段の対策を取らず借入金で事業を継続

③新型コロナウイルスの感染蔓延により売り上げ急減

沿革

1940年　青果商として創業
1961年　法人改組
1992年　8店舗を運営、売上高51億円を計上
2019年　12月、セントラルキッチン方式を導入、本店2階に惣菜センターを開設
2022年　9月、事業停止、自己破産申請準備入り
10月、破産手続き開始決定

第4章

富士通の「らくらくホン」を引き継いだ端末メーカー

2023年
1～6月
報告

総合医業コンサルティング　アイテック
医薬品・医療機器卸　コーケン
医療機器卸　ジェミック

グループ3社を使った循環取引、粉飾決算の果てに

アイテック株式会社
所在地　東京都中央区日本橋堀留町2-1-3
２０２２年10月17日民事再生法適用申請

株式会社コーケン
所在地　東京都港区芝公園2-9-5
２０２２年10月28日自己破産申請

ジェミック株式会社
所在地　東京都中央区日本橋小舟町3-7
２０２２年11月7日自己破産申請

2022年10月、歴史的な連鎖倒産が発生した。舞台は医療機器業界。本来つぶれるはずのない会社の相次ぐ経営破綻は、まさに「パンドラの箱を開けた」との表現がふさわしい。

アイテック〈1社目〉～激震の始まり

帝国データバンクに倒産の一報が入ったのは、2022年10月17日の日中。アイテック株式会社は、病院開設や医療設備のコンサルティングを手がける会社で、取引先や株主には各業界の大手企業が並ぶ。2022年4月期の決算書上の負債総額は約30億円だが、約20億円の資産超過で黒字経営。「正直、破綻の理由は見当たらない」というのが第一印象だった。その日の夕方には「民事再生法の適用申請」との事実確認が取れたのだが、判明した負債規模に、関わった情報記者・調査員は一様に違和感を覚えた。決算書に記載されていた額の4倍超の「132億円」。これが、この後ひと月にわたって続く連鎖倒産の始まりだった。

100億円超の手形関連債務

より詳細な倒産の実態を把握すべく、翌朝早くに情報記者Sは東京地方裁判所へと向かった。民事再生の申立書類を閲覧するためだ。そこで判明した事実のなかでもっともインパクトが大きかったのは、負債の内訳。金融債務60億円のうち45億円分が手形割引残高、一般商取引債務70億円のうち65億円が手形債務。つまり、負債総額約132億円のうち、100億円超が手形関連だったということだ。2022年4月期の貸借対照表で「支払手形」の計上額は約4億5000万円。この瞬間、「今回の倒産の背後には、不透明な巨額の手形操作が絡んでいるのではないか。そして、これだけでは終わらないだろう」と、情報記者の誰もが感じ取った。

倒産要因としては、海外事業の収益悪化などが主に語られていたが、（少なくとも形式上は）黒字かつ資産超過にもかかわらず経営破綻しているわけで、当然これとは異なる本当の倒産理由があるのではないかとの声もあった。債権者説明会の場で、弁護士からは、「最終的に金融機関の手形割引枠が限度額に達し、資金調達が不可能になった」ことが直接的な倒産要因だと語られている。

この内実の一端が明らかになるのはもう少し後になるが、いずれにしてもアイテック破綻の背景には少なからず「手形操作」が存在していた。

アイテックは、国内外の病院開設や医療機関への設備導入に関して、特異な立ち位置にあった。株主や社債権者には、大手医薬品・医療機器卸やメーカー、商社、建設業者が名を連ねている。関係筋によれば、様々な医療機関からの設備や機材の発注、新棟建設、移転情報などを事前に把握できるような立場にあったという。

10月19日に開催された債権者説明会には200名近くが集まり、質疑応答が相次いだことから、会は2時間に及んだ。そのなかで、すでにスポンサー候補がおり、出資によって会社を再生させるとの計画が語られた。当時は、「これだけの会社なのだからスポンサーも見つかるだろう」との見方もあったが、背景の不透明さに懸念を抱く声も多かった。

アイテックの再生は可能なのか。破綻の真相はどこにあるのか。これらの懸念は、その後の連鎖倒産でさらに高まっていくことになる。

コーケン〈2社目〉～「つぶれるはずのない会社」が、なぜ

「手形債権32億円」。アイテックの主な債権者のなかで一際目立つ株式会社コーケンは、全国厚生農業協同組合連合会（JA全厚連）を株主に持つ、医薬品・医療機器の卸業者だ。主に各都道府県の連合会経由で傘下の病院や診療所に医薬品・医療機器を卸す形態で、こうした医療機関が存在する限り、仕事がなくなることもない。各都道府県の厚生連の会長が役員を兼務することが多く、民間の業界大手から幹部クラスの転籍が多かったとも聞かれ、価格交渉面でも盤石《ばんじゃく》。無借金経営で、いざとなれば金融機関から資金面でのサポートも想定で

きる、まさに〝つぶれるはずのない〟会社だった。

アイテックに対する32億円の焦げ付きに、どう対処するのか。そもそもこの巨額の手形債権はいったい何なのか。アイテックの破綻時から様々な臆測が飛び交っていたが、11日後の10月28日にコーケンは自己破産を申請した。「様子がおかしい」との問い合わせで現地へと走った情報記者Mの眼前の扉には、倒産を告げるわずか7行の告示書が貼られていた。

アイテックと同じく、コーケンの直近決算は黒字で資産超過。破綻理由は、「32億円の手形の回収見込みが立たず、資金繰りに窮したため」。民事再生を申し立てたアイテックと異なり、破産となったことで取引先への影響が大きかった。「株主筋や金融機関からの支援は得られなかったのか」「債権者のことを考えれば破産の選択は理解できない」「責任逃れではないか」といった不信感が関係先の間で渦巻くことになり、アイテックの経営破綻に対する関係者からの疑念は、さらに増すこととなった。

ジェミック〈3社目〉〜連鎖倒産のカギ握る子会社

アイテックの申立書に基づいた債権者一覧を『帝国ニュース』に掲載すると、複数の債権者からほぼ同じ内容の問い合わせが寄せられた。「こちらが把握している債権額と異なっている」――。

債権者の名簿は、法的整理を申請した債務者側が自社の経理資料に基づいて作成するもの。当事者間で見解の相違があるケースも多いが、「金額が1ケタ違う」「債権はまったく存在しない」といった声が複数上がってくることは珍しく、こうした場合、粉飾決算や架空取引といった不透明な会計処理が背景にあることが少なくない。これまで見てきた2社の破綻経緯を踏まえれば、これらの商流で手形取引を交えた不透明な資金操作が行われていたと思わざるを得ないが、この時点ではどちらの会社もそれを明言することはなかった。「どうやら、アイテックの子会社で医療機器卸のジェミック株式会社がカギを握っている」というのが、周辺業者の総意だった。

コーケンの破綻から3日後の10月31日、今度はアイテックの子会社であるジェミックが事業を停止し、自己破産申請の準備に入った（11月9日破産手続き開始決定）。その日、「いよいよジェミックが倒産するらしい」との情報が入り、事実確認のため会社に連絡するも担当者はつかまらなかった。同時に情報記者Aが現地に走り、その場で取材を申し込むと担当者が出てきて、事業停止と破産申請準備に入ったことを認めた。

そして後日、入手した破産申立資料には、下記の文言が明記されていた。

「アイテックが架空・循環取引と手形による資金操作を行っていた。ジェミックとしての実業ベースでの売り上げは2000万円程度」

ジェミックの直近期の年売上高は約121億円であったことから、ほぼすべてが架空売り上げだったということだ。ジェミックの売り上げが急増したのは2012年で、かれこれ10年近く粉飾決算が行われていた可能性もある。債権者の中にはすでに訴訟の動きを見せていた会社もあり、取引関係のあった多くの企業に影響を与える倒産となった。

架空・循環取引の構図

連鎖倒産した3社のうち、唯一架空・循環取引を認めているのがジェミックだ。同社の破産申立書には、以下のように記載されている。

「医療機関から（中略）発注があったかのように装って複数のディーラーとの間で手形決済を行い、その中間にアイテックを入れることで（中略）①利益発生、②手形割引による資金融通、③表面上の売上増加（架空計上）を発生させてきた」

中立書や関係書類、周辺業者への取材をもとに、今回の架空・循環取引の構図を単純化すると、次ページの図のようになっていたものと推定される。

ポイントは、アイテックの立ち位置にある。ジェミックの申立書には「アイテックは、

（中略）医療機器発注の情報を入手できる立場にあったことを利用して、（中略）架空・循環取引と手形決済の支払サイトを利用した金融の利益を得る手法が実行されるようになった」と記載されている。一方で、アイテックの債権者説明会では「医療機器の取引はジェミックが差配していた」とも説明されており、判然としない部分も多い。

また、手形操作の実態については、グループ外企業から両社に振り出された手形を割引に回して現金化していた事実を確認できており、これを資金繰りに充てていたことが想像できる。債権者への取材やジェミックの申立書を参考にすれば、図のA社やB社の位置に様々な企業が入っていたほか、「アイテック→A社→C社→ジェミック」のように、間に複数社が挟まれて商流が形成されるケースも多かったようだ。アイテックやジェミックが振り出す手形の支払い期日を調整することで、間に入った業者に負担がないように差配していたとの話も聞かれる。

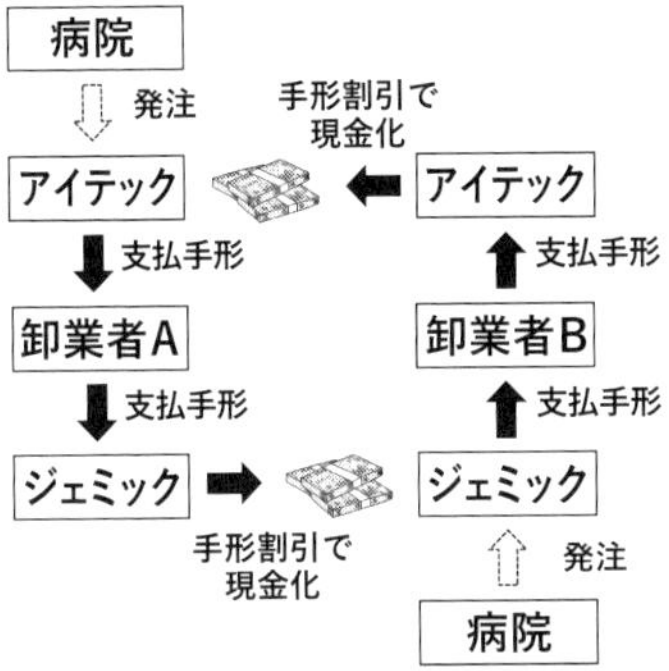

いずれにせよ、意図せず巻き込まれた取引先も含め、この構図によってアイテック、ジェミックは架空の売り上げと利益を生んでいたと見られる。

「この商流は危ない」

今回の架空・循環取引は、アイテックが様々な医療機関から設備や機材の発注、新棟建設、移転情報などを事前に把握できるような立場にあったことが大きな特徴である。アイテックやジェミックが、間に入った業者に対して取引の流れを事前に指示していたような話も聞かれる。

医療機器卸業界では、特定の医療機関や地域の案件に際して窓口役となるような業者が多く、その差配のもと、エンドユーザーとなる病院とメーカー（や卸業者）の間に複数の業者が入る商流は珍しくない。間に入る業者の元を実際の商品が流れることはなく、伝票のみが回ることも多いようだ。

「商流全体を把握することはほとんどなく、せいぜい自社の前と後の社名を確認するだけ」（某債権者）、「たとえ商流を確認していたとしても、間に複数の業者が入った商流で、アイテックとジェミックが親子だと認識していた業者がどれほどいたのだろう」（別の債権者）といった声も聞かれる。

また業界では、地域ごとに窓口役となる業者を介してある程度固定化された商流のなかで取引を行う商慣習であることから、医療機器卸業者にとって活動エリアや売り上げの急拡大は望み難く、全国の病院と関係を持つアイテックとの取引は「業容拡大のチャンス」と魅力的に見えたのかもしれない。

手形を使った取引である点も特徴と言える。もともとサイトの長い手形が多い業界であり、とくに公的病院向けの案件は回収が年度末の一括となるケースが多く、期中は支払い先行のサイトバランスとなりやすい。そのため、割引も含めて出回る手形の総額が大きくなり、今回のように期中で業者が破綻すると、多数の債権者と債権が生まれる。アイテックの倒産直前には、市中金融業者にも多額の手形が持ち込まれ、大半が見送られたとも聞かれる。

「この商流は危ないと感じ、数年前に思い切って撤退した」（医療機器卸筋）。持ちかけられた取引条件の不審さや、親子関係にあるアイテックとジェミックによって自社が挟み込まれるような商流に疑念を抱いた同業者、金融業者もいたようで、「当然の帰結だ」と語る関係者もいた。些細《ささい》な不審点も見逃さず、徹底して追及してみることは、時間に追われる現代ではなかなかできないことだが、あらためて肝に銘じなければならない事例といえる。

実態の損失額と乖離している

こうした業界慣習を利用したといえば言い過ぎだろうが、結果的に今回の連鎖倒産は大手業者や地場の優良業者も含めて、多くの医療機器卸業者を巻き込んだ。アイテックの倒産以降、注目点は「アイテックが再生できるのか」よりも、相応の焦げ付きが発生している債権者の動向に移っていった。

さらなる連鎖倒産の可能性が気になるところだが、なかには財務の安定性を欠く債権者もいたものの、前述のような地場の医療機関網に商流の根を張る大手業者も多く、自己資金で損失をカバーできている、事情を踏まえた上で金融機関からの支援が得られている、といったケースもあったようだ。ただし、焦げ付きによる財務面へのダメージはもとより、架空・循環取引への関与の度合い（知っていて取引を続けていたのか？）といったレピュテーションリスクを心配する声は後を絶たない。「取引の見直しを考えている」といった声も一部で聞かれた。

債権額について疑問を呈する声も多い。アイテック、ジェミック側が作成した債権者名簿に対しては「粉飾された経理書類によって算定されているものではないか」「まだ取引が実行されていない、あるいは取引そのものが存在しない案件の分まで集計されている」など、実態の損失額と乖離しているという債権者からの指摘も聞かれた。

どこまでが債権者にとっての実損で、どこまでがそうでないのか。架空取引の可能性があるとはいえ、すでに売り上げや利益として計上されていれば、決算修正を余儀なくされるケースもあるだろう。こうした事態を踏まえて、債権者からの訴訟に発展するような動きもあった。

帝国データバンクの取材に対し、アイテック、コーケン、ジェミックの会社・代理人弁護士は「現状でお伝えできることはありません」との回答に終始。実態についてはいまだに見えない部分も多い。

運命の分かれ道

①医療機関の設備、機材発注情報を把握できる立場を悪用

②取引先を巻き込んだ循環取引で架空売り上げ、利益を計上

③膨れ上がった手形取引

沿革

1970年　4月、株式会社コーケン設立
1981年　5月、アイテック株式会社設立
1984年　3月、ジェミック株式会社設立
2022年　10月、アイテック、民事再生法の適用を申請、コーケン、自己破産を申請
　　　　11月、ジェミック、破産手続き開始決定

帽子製造、卸 グリーンフィールド

〝少年野球帽〟の時代に夢を売った老舗企業の「寿命」

所在地 東京都台東区浅草橋1-24-3
代表 津野勝弘氏
年売上高 約1億4000万円(2022年10月期)
負債 約1億8000万円
2023年5月10日破産手続き開始決定

かつて男児の着用率がほぼ100%に達するかという、少年野球帽と呼ばれる帽子があった。いまの40~50代から上の世代なら、懐かしく思い出すはずだ。筆者などは事実上の制帽、もはや身体の一部と化していた。2023年3月上旬、株式会社グリーンフィールドという会社が事業を停止した。グリーンフィールドとその前身の株式会社クロスこそ、この少年野球帽を生み出し、かたちを変えて作り続けてきた会社だ。ひとつの時代を築き、役割を終えて、いま静かにその幕を閉じようとしている。

〝第二の国技〟になったプロ野球の爆発的人気

少年野球帽が爆発的な人気を得たのは1959年（昭和34年）、長嶋茂雄氏が天覧試合でサヨナラ本塁打を打ったときからだ。戦前からの人気スポーツだったとはいえ、プロ野球が〝第二の国技〟になるきっかけになったと言われる。

前身となる株式会社クロス（東京都千代田区、代表黒須剛氏）は1948年（昭和23年）創業。日本橋の帽子問屋での丁稚奉公ののち、父の帽子製造工場を継いだ黒須氏の経営は斬新で、当時業界の異端児扱いだったという。しかし先見の明があり、少年野球帽においても先陣を切ったことでトップメーカーとなった。

当時は版権やロイヤリティといった権利意識が薄く、球団も細かいことは言わないおおらかな時代。長嶋・王氏の人気にあやかって、10社以上の帽子メーカーが少年野球帽を作り始め、これが大きなうねりとなっていく。百貨店やスーパーに全球団の帽子がズラリと並び、親子連れが争うように買い求めていく光景が全国で見られるようになった。

当初、帽子のつばは紙製だった。通称〝馬糞紙〟と呼ばれる麦わらなどを原料とする低品質の厚紙で、これがすぐに折れてしまう。商品改良でこれはやがて「ペフ」というプラスチック製のつばに代わり、帽子本体も最初は布製だったのが雨に濡れても大丈夫なポリエステルに、次いで汗をかいても蒸れにくいメッシュ素材へと改良されていく。ちなみにメッシュと同時期に導入された帽子裏側の白いバイザーは、日差しを遮《さえぎ》るサンバイザーとしての役割のほかに、前面の球団マークを見栄え良くするための型崩れ防止の狙いがあったという。

1965年（昭和40年）から'79年（同54年）頃が、少年野球帽の黄金時代だ。富山の直轄工場も下請けの10社もフル生産、年間の生産量は50万個に達した。一番人気は巨人で全体の約4割、阪神が約3割を占めていた。3番手の西武には面白い話がある。当時のオーナー、堤義明氏の「帽子は動く広告塔」の鶴の一声で10万個を大量発注し、運営施設で働くすべての従業員に被らせたという。

右肩上がりの成長は、実に20年も続いたことになる。それは自動車や家電、そのほか様々な市場に溢れた商品と同様、人口増加が膨大な内需を生んだ高度成長期の日本の幸福を映し出すものでもあった。

販路縮小でピークアウト、冬の時代へ

少年野球帽の売り上げのピーク、分岐点となったのは1980年（昭和55年）から'81年頃だった。緩やかではあったが、徐々に百貨店やスーパーが販売から手を引き始める。販路縮小は単純に嗜好の変化で売れなくなったからだが、ネットで商品が流通する時代ではないので、消費者の目に触れなくなれば認知度は低下、さらに売り上げが落ちる悪循環となってい

く。長い冬の時代の始まりだ。少年野球帽に限らず、スポーツ用品全般にこの頃から台頭してくるのが海外スポーツメーカーであり、'90年代から2000年代にかけては豊富な資金力で球団や選手をスポンサードし、版権を独占する彼らの存在感が一層増していくことになる。

2000年、株式会社クロスは任意整理で倒産した。1996年9月期に約38億6900万円あった売上高は、不良債権問題で金融機関の破綻が相次ぎ、バブル崩壊後の不況が深刻化した'99年9月期には約26億2300万円にまで落ち込んでいた。資金繰りに行き詰まってのことだった。従業員50名は解雇されたが、同社の専務だった津野勝弘氏が事業を引き継ぎ、少数の社員とともに独立・起業したのが株式会社グリーンフィールドだ。この頃には、販路は球場での観客への無償配布に限られるようになっていたが、プロ野球の全12球団中7球団と独占供給契約を結び、少数精鋭のローコスト・オペレーションで十分な収益を上げることができた。

グリーンフィールドが製造していた野球帽

グリーンフィールドが事業を停止した理由は、言うまでもなく新型コロナウイルスの感染拡大だ。2020年2月末、プロ野球の無観客試合化が決まり、以後2年間、主力商品の売り上げはゼロになった。

2022年、無制限の観客動員が再開されたが、ツアー客や修学旅行生などの団体客は受け入れられなかった。ワールド・ベースボール・クラシック（WBC）も主催者は米国のメジャーリーグベースボール（MLB）。日本の業者が儲かる仕組みではない。この間、ゼロゼロ融資や雇用調整助成金などの金融支援を受けつつ、雑貨類の企画・販売などでなんとか業容と雇用を維持してきたが、これ以上の事業継続は無理と判断したという。

企業の存在意義

2022年春、中小零細企業の私的整理のために導入された「事業再生等に関するガイドライン」。「廃業型私的整理」によって、一般取引先には支払い、債務整理の対象とする債権者は金融機関（銀行とリース会社）に絞り込み、全行一致の弁済計画で返済猶予や債権放棄を実施する。代表の個人保証は法人としての債務と一体処理し、個人破産や根抵当の代表自宅の競売を回避できる。

グリーンフィールドのように長年、社会に貢献し、いまその役割を終えて静かに退場しようとする中小企業に使わずして、いつ使うのかと個人的には思わなくもない。しかしすべては過ぎたことだ。少年野球帽という人々の記憶に残るプロダクトを生み出し、かたちを変えて存続させてきたことだけでも、その存在意義は十分にあったのかもしれない。

運命の分かれ道

①「絶頂期」の1980年以降、消費者の嗜好の変化で徐々に売り上げ減

②海外スポーツメーカーの台頭、球団・選手とのスポンサー契約（囲い込み）

③新型コロナウイルス感染蔓延、無観客試合などにより売り上げ急減

沿革

1948年　株式会社クロス創業
2000年　クロスが倒産、任意整理
　　　　クロス専務・津野勝弘氏が事業を引き継ぎ、株式会社グリーンフィールド設立
2020年　新型コロナウイルス感染で無観客試合、売り上げ急減
2023年　3月、事業停止
　　　　5月、破産手続き開始決定

出版社 マキノ出版

健康雑誌、家電雑誌で一世を風靡した出版社の廃業

所在地　東京都中央区日本橋茅場町3-4-2
資本金　5000万円
負債　約15億7217万円
2023年3月2日民事再生法適用申請
6月23日破産手続き開始決定

「民事再生を申請したらしい」――2023年3月初旬、健康雑誌の草分けである『壮快』や情報誌『特選街』などを出版していた株式会社マキノ出版への問い合わせが相次いで寄せられた。健康雑誌のパイオニアで知名度も高かったが、倒産に至った背景に迫った。

健康雑誌のパイオニア

マキノ出版グループの創始者は、漫画誌『週刊少年マガジン』（講談社）の初代編集長や『週刊現代』編集長などを歴任した牧野武朗氏。1974年9月に講談社が創刊した健康雑

誌『壮快』の編集業務を、牧野氏が同年4月に設立した株式会社マイヘルス社で手がけ、その後、'77年10月に株式会社マキノ出版を設立。'96年12月に『壮快』の営業業務を講談社から譲り受けた。この間、'79年3月に主要誌となる『特選街』、'83年4月に『安心』、'95年11月に『ゆほびか』を創刊した。

『壮快』は、最先端の医学知識をもとにした、くらしと健康に関する実用情報を発信し、数々の健康ブームを作り上げ主力雑誌に成長。『特選街』はカメラやパソコン、AV機器、デジタル家電などの新製品について専門家が評価し、トレンドを案内する商品情報誌で、消費者のバイブルとして知名度を上げた。いずれも、企画力の高さを強みに50〜70代の中高年層から高い支持を受けていた。雑誌のほかにも、書籍やムック本など年間約100点を発行し、好調だった2004年2月期には年売上高約36億1800万円を計上していた。

コロナ禍で『特選街』休刊

しかし、2010年2月期以降の売り上げは右肩下がりとなる。インターネットやスマートフォンの普及、SNSの急速な進化などで情報を収集する手段が変化。いわゆる出版不況が襲い、雑誌の売上高が減少した。こうしたなか、2017年に発行した単行本『最強の野菜スープ』がベストセラーに。メンタリストDaiGo氏の『運は操れる』が10万部を超え

2021年11月号で休刊した『特選街』（左）と『壮快』

るなど、ヒット作が出た２０１９年２月期には増収となった。

だが、業績悪化は進んでおり、２０１９年10月には本社ビルを売却しスクラップアンドビルドに着手した。コロナ禍では、主力３雑誌の購読者層である高齢者の外出控えや書店が入居する不動産ビルの営業時間短縮、休業などで、さらに売り上げが減少していた。巣ごもり需要で好調となった冊子も一部あったが、２０２１年10月に創刊から40年を超える『特選街』が休刊。２０２２年２月期の年売上高は約14億５６００万円に減少し、損益面は５期連続で赤字となった。

社長の話によると、「かつて10万部以上発行していた主力３雑誌は、直近では４万部を切る状況となり、ムック本も初版で３万部刷っていたものが３分の１となる１万部まで減少し、雑誌の返本が増加した」という。書籍が当たればしのげていたが、ここ２年はヒット作に恵まれていなかった。

組合の理解が得られず

２０２２年11月ごろから任意整理による再建を目指し、アドバイザーとともにスポンサー探しを進めていた。話は進んでいたようだが、スポンサー候補側が出資の条件として「労働組合の解散」を挙げていたという。しかし、「労働組合の協力が得られない可能性が高いことから、スポンサー候補が辞退してしまった」（会社による説明）。

この間にも退職者が増えていった。退職金の支払い負担が重く、２０２０年２月期末時点で約４億２００万円あった現預金は、２０２２年２月期末時点で約２億２００万円、２０２３年２月期末時点では６０００万円台まで減少した。この状況では３月24日の従業員給与の支払いができず、仮に支払いを延期したとしても４月の支払いにメドが立たないことから、民事再生による再建を目指すこととなった。

取引先への支払い遅延は発生していなかったと見られ、複数の債権者がマキノ出版の民事再生について「唐突だった」と語っていたが、３月７日に開催された債権者説明会において、従業員と経営側の間では密かに話が進んでいたことが分かった。質疑では退職者や労働組合関係者が「労働組合は協力的に話し合ってきた。倒産することになった理由を労働組合のせいにしてほしくない」「労働組合の解散要求は不当労働行為だ」「退職金が勝手に減額されている。どういうことか」などの声が相次ぎ、質疑がヒートアップし、取引先から見ると〝内輪揉め〟とも捉えられかねない場面もあった。業界筋からは「良い時代の編集者は年収1000万円以上の高給取りだった」と聞かれ、質疑の対応から労働組合の強さも垣間見えた。債権者への連絡漏れなど不手際も露呈した。金融機関に法的整理の連絡や債権者説明会の連絡がなされておらず、そのほかにも取引先への連絡事項が行き届いていないなど、手際の悪さが目立っていた。

その後、主要誌と書籍やムックの一部事業を別会社に譲渡したものの、残る事業についてはスポンサー企業が現れず、5月29日に東京地裁から再生手続き廃止決定を受け、6月23日に破産手続き開始決定を受けた。

会社は従業員がいてこそ成り立つ。だが、現預金の流出が激しければ、給与・退職金の両面で〝痛みを伴う経営〟も必要となる。これまでの会社と組合のやりとりは具体的に判明していないが、一定の規模の組合がある企業と取り引きする場合は、組合の状況についてもきちんと審査する必要があるだろう。過去にあった別の企業の事例では、組合側と経営側の対立が激しく、最終的に経営陣が事業継続を断念し、廃業に追い込まれたケースもあった。

運命の分かれ道

①ネットやスマホの普及で主力雑誌売り上げが10万部→4万部に

②書籍のヒット作が出ず、売り上げ減に歯止めかからず

③任意整理による再建を目指したが労働組合の理解・協力が得られず

沿革

1977年	株式会社マキノ出版設立
1979年	雑誌『特選街』創刊
1983年	雑誌『安心』創刊
1995年	雑誌『ゆほびか』創刊
1996年	健康雑誌『壮快』の営業業務承継
2017年	単行本『最強の野菜スープ』がベストセラーに
2018年	単行本『運は操れる』がベストセラーに
2019年	10月、本社ビルを売却
2021年	10月、雑誌『特選街』休刊
2023年	3月、民事再生法の適用を申請 6月、破産手続き開始決定

有機ELパネル製造　JOLED

産業革新機構が巨額資金注ぎ込んだ〝国策企業〟の倒産

所在地　東京都千代田区神田錦町3-23
資本金　51億5000万円
負債　約337億4122万円
2023年3月27日民事再生法適用申請

「いつかはこうなる」——誰もが思いつつ、しかし現状維持のまま漠然と刻だけが過ぎていく。そして、いざ現実のものとなったときも、唐突な感こそあれ、相対的な衝撃度は低い。2023年3月27日、有機ELディスプレイパネル製造の株式会社JOLEDが民事再生法の適用を申請した。負債額は約337億円。倒産するべくして……そう形容するほかない倒産だった。〝国策企業〟倒産のモデルケースを振り返る。

完敗だった〝日の丸有機EL〟

JOLEDという会社の一般的な知名度は、さほど高いものではない。しかし中小型液晶ディスプレイ（ＬＣＤ）製造大手、株式会社ジャパンディスプレイ（ＪＤＩ）の〝虎の子〟として、その動向は取引先やメディアから常に注目される存在だった。

官民ファンドの株式会社産業革新機構（現・株式会社ＩＮＣＪ）の主導のもと、２０１４年7月にＪＤＩ、ソニー、パナソニックの有機ＥＬディスプレイパネル製造事業を統合して設立されたのがＪＯＬＥＤだ。その特徴は、世界の潮流であるところの「蒸着方式」とは一線を画した「印刷方式」による有機ＥＬディスプレイ開発、製造であり、戦略的な提携先としてＪＤＩが15％を出資する持分法適用会社でもあった。

しかし、世界初の「印刷方式」は難航する。生産性が高く、安価で、高精細であることをアピールポイントとして、２０１９年11月より石川県にある能美事業所にて「前工程」、千葉事業所にて「後工程」の量産ラインを稼働させたが、歩留まりは悪く、価格も高く、その低い稼働率では工場の固定費や高騰する材料費を吸収できなかった。２０２２年3月期の年売上高は約56億５５００万円、８期連続の最終赤字で約１９７億円の債務超過に転落していた。いまやアップルでもサムスンでも、有機ＥＬは当たり前になっている。ＩＮＣＪが56・8％の株式を保有する筆頭株主であり、累計１３９０億円（出資１１９０億円、融資２００億円）もの資金援助をしたにもかかわらず、ひと言で言えば〝日の丸有機ＥＬ〟は完敗であった。

スポンサーのＪＤＩも経営不振

スポンサーはＪＤＩに決定した。「これには驚いた。そんな余裕があるのか」（総合商社）と、産業界では意外感をもって受け止められている。

ＪＤＩもまた、経営不振が続いていたからだ。

成り立ちはＪＯＬＥＤと相似形をなしている。やはり産業革新機構の主導のもと、2012年に日立製作所、東芝、ソニーの中小型ＬＣＤ製造子会社を統合して誕生した。中小型では国内最大、世界有数の規模であり、2014年3月には東証1部（当時）へ上場。強みとするディスプレイの高精細化技術を生かし、最大顧客であるアップルのｉＰｈｏｎｅ向けが牽引役となった2016年3月期には連結売上高約9890億円のピークをつけた。

しかし、2017年にはアップルが有機ＥＬパネルを採用し、経営環境は急速に悪化。人員や設備のリストラ、ＩＮＣＪからの度重なる支援（2020年3月までに出資3020億円、融資3120億円の累計6140億円）によっても業績悪化に歯止めはかからず、一方ではサムスンなどのケタの違う、巨額の投資規模に圧倒される。ＬＣＤから有機ＥＬへの技術トレンド変化に対応するため、ＪＯＬＥＤの子会社化も検討されたが、資金不足で断念した（その後、2020年3月に資本関係を解消）。2020年3月期には期中に一時、債務

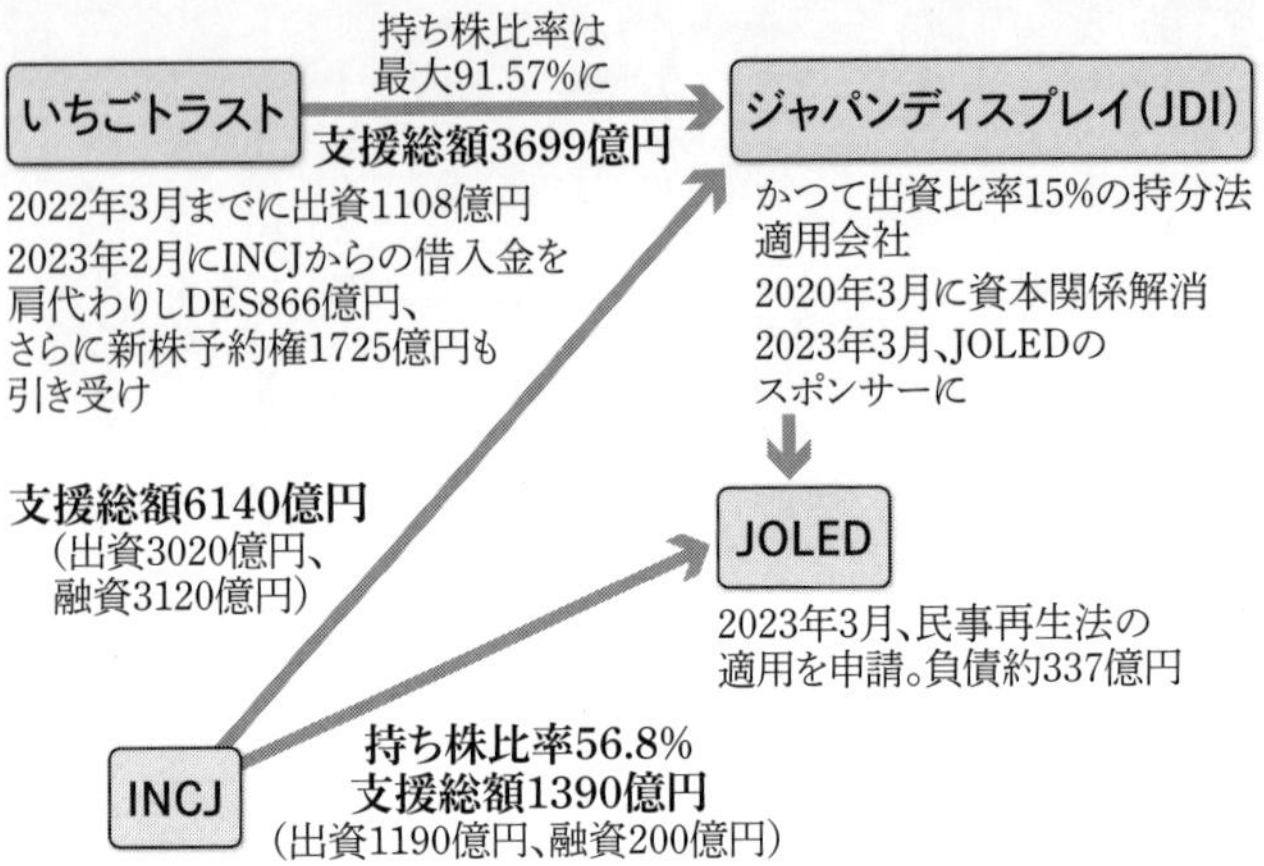

超過に転落している。

この間、資本政策としては中国系投資ファンドや中台企業連合などからの出資受け入れを模索したが不調に終わり、不正会計問題などの紆余曲折を経て、2020年1月に独立系投資ファンド「いちごトラスト・ピーティーイー・リミテッド」と資本提携。同ファンドが筆頭株主INCJに次ぐ第2位の株主となった。

2023年2月、いちごトラストは追加支援を実施している。INCJに対する債務を肩代わりし(これによってINCJからの借入金は全額返済)、866億円の債務株式化(DES)によって期末の財務内容は無借金となった。さらに新株予約権1725億円も引き受けており、権利行使が可能となる2023年6月以降、その持ち株比率は最大91・57%に高まる(特例適用で上場は維持する)。ここまでの累計投資額は3699億円に達する見込みだ。もはや融資に応じる金融機関もないなかで、スコット・キャロン氏率いるいちごトラストの支援は数ある再生ファンドの中でも〝異色の、際立ったもの〟となっている。JDIがJOLEDのスポンサーとなった背景には、こうした財務体質の改善があった。

起死回生を狙った戦略転換

スポンサーとは言っても、出資や貸し付けにより再生を支援するわけではない。JOLEDは工場のある能美と千葉の2事業所を閉鎖し、工場従業員を解雇。開発部門の人員と知財だけがJDIへ譲渡される。これには起死回生を狙った〝日の丸液晶〟の戦略転換も影響している。

4月初旬、JDIは中国の大手液晶メーカー、HKCとの戦略的提携を発表した。自前の設備投資でサムスンなど世界の強豪に対抗していくのは難しい。そこで、新工場を建設して次世代有機ELに新規参入するHKCに対して、JDIが量産技術を提供する。「JOLEDのエンジニアをその立ち上げ要員として活用する」（会社側）という。共同開発センターも日本に設ける。

こうしたライセンスビジネス、東アジアのディスプレイメーカーへ向けたオープン戦略への転換によって、投資額を抑制しつつ収益性を改善できるか。ＪＤＩの２０２３年3月期連結業績予想は年売上高２６６０億円（前期比10・1％減）、9期連続の連結最終赤字見込みだ。電気料金や資材高騰の影響が大きく、第3四半期時点のフリーキャッシュフローは４９１億円の赤字。第４四半期も状況は厳しい。すでにいまある人員、工場のリストラはし尽くしており、ＨＫＣとの提携が命運を握っている状況だ。

与信的観点からは、業界関係者の関心はいまや完全に「ＪＯＬＥＤ」から「ＪＤＩ」に移っている。おそらく取引先も金融機関も、当の経営陣でさえもＪＯＬＥＤが黒字化するとは思っていなかった。赤字でも債務超過でも取引が継続されてきたのは、ひとえにＩＮＣＪの信用補完があったからだ。今回、「バックに官民ファンドがついていても倒産するときは倒産することが示された」（専門商社）。２０２５年3月末の解散に向けて、ＩＮＣＪは〝店仕舞い〟に入っている。

しかし、ＪＤＩの後ろ盾になっているのは「官民ファンド」ではない。ある意味では官民ファンド以上の長期継続保有、〝フルコミットメント〟を明言する「いちごトラスト」だ。その帰趨《きすう》が明らかになるのは、もうしばらく先のことであるかもしれない。

運命の分かれ道

①有機ＥＬディスプレイ製造世界初の「印刷方式」量産化が難航

②工場の固定費の負担、材料費の高騰が経営の重荷に

③ＪＤＩの支援を受け、同社の傘下入りする計画が資金不足で断念

沿革

2014年　7月、JDI、ソニー、パナソニックの有機EL事業を統合、JOLED設立
2019年　11月、能美事業所、千葉事業所で量産ライン稼働
2020年　1月、いちごトラストと資本提携
　　　　3月、JDIとの資本関係を解消
2023年　3月、民事再生法の適用を申請
　　　　6月以降、いちごトラストの持ち株比率が91％に

携帯端末製造、販売　FCNTなど3社

富士通の「らくらくホン」を引き継いだ端末メーカー

所在地　神奈川県大和市中央林間7-10-1
代表　田中典尚氏
年売上高　約812億8000万円（2023年3月期）
負債　約872億5505万円
グループ3社の負債合計　約1193億円（グループ会社間の債権債務を除く）
2023年5月30日民事再生法適用申請

携帯端末市場は2000年代後半から海外勢の攻勢が続くなか、国内メーカーは守勢に回り、撤退や統合を余儀なくされてきた。民事再生法を申請したFCNT株式会社など3社も、富士通株式会社が展開していた携帯端末事業を承継するにあたり設立された企業グループである。円安などが追い打ちをかける形になったとはいえ、大手スマホメーカーでは初の法的整理となった今回の事態は、携帯端末メーカーの苦境を強く印象づけることとなった。

資金繰りの急速な悪化

民事再生法の適用申請日となった2023年5月30日、「再生対策室」に連絡を入れると「債権者に通知し始めた段階であり、詳細については夕刻までお待ちいただきたい」との返答。事業を引き継いで以降も厳しい採算状況にあったFCNTだが、間もなく「昨今の円安進行、半導体不足などによる原価高騰によってグループの収益・資金繰りが急速に悪化していた」こと、「法的整理によることなくスポンサー支援を受けることが困難な状況」であったことを明らかにした。

富士通との出資関係は解消されているとはいえ、同社から事業を引き継いだ年商800億円超の企業であり、グループ会社には携帯端末の製造を手がける年商700億円企業のジャパン・イーエム・ソリューションズ株式会社（以下、JEMS）も抱える。法的整理によらない再建の道はなかったのかとの思いがよぎる関係者も少なくなかったかもしれない。

LBOによる携帯端末事業の買収

投資ファンドのポラリス・キャピタル・グループ株式会社が富士通から携帯端末の開発・製造事業を譲り受けることが発表されたのは、2018年1月。ポラリス社の出資のもと、REINOWAホールディングス株式会社（以下、REINOWA）が設立され、スマートフォンのプロダクト＆サービス事業（企画・開発・販売事業〈以下、P＆S事業〉）はFCNTへ、製造についてはJEMSへと、傘下の2社へ承継された。携帯端末事業のコモディティ化とグローバルベンダーとの競争激化が進むなかで、次世代端末の開発、新たなサービスビジネスへの展開を加速させていくことを目的とした決断であった。その際に用いられたのがLBO（レバレッジド・バイアウト）による買収スキーム。買収対象企業の資産や収益力を担保として金融機関などから買収資金を調達する仕組みで、少ない元手で大企業の買収が可能となるため、投資ファンドなど買い手側にとって投資効率を高めることができるとされる手法だ。

「arrows」「らくらく」シリーズを展開

ここで、富士通の携帯事業を中心に、事業譲渡までの動きを簡単に振り返っておきたい。

国内における携帯電話で、当時画期的なサービスとして注目されたのがNTTドコモによる「iモード」だ。その第1号機が1999年に発売された富士通製の「F501i HYPER」であった。2000年代に入ってからも「らくらくホン」の発売を開始、その後開設したシニア向けSNSサービス「らくらくコミュニティ」の会員数は200万人（2020年時点）を突破するなどサービス強化に努めてきた。一方で、2010年には同社初となるスマートフォンを発売、翌年にはスマホおよびタブレットの新ブランドを「arrows」として、「arrows」「らくらく」シリーズなどスマートフォン事業を中心に展開してきた。

この間、国内の携帯端末メーカーにとって大きな脅威となったのが米アップル社のｉＰｈｏｎｅであった。ｉＰｈｏｎｅが市場シェアを拡大していく一方で、国内メーカーは２０００年代後半～２０１０年代前半にかけて携帯事業からの撤退や統合を余儀なくされている。そうしたなかにあっても携帯事業を続けてきた富士通だが、前述の通りついに切り離すこととなった。

5月末の支払いが資金不足に

事業を引き継いだ3社だが、ＦＣＮＴは採算確保に苦慮する状態が続いていた。２０２１年3月期はグループ全体で当期純利益を計上したものの、携帯端末市場の成熟化や買い替えサイクルの長期化、またミドルローモデルのスマートフォンが増加するなかで販売単価も低下。経営状態の悪化は避けることができず、ＦＣＮＴの業績悪化は顕著となっていた。

裁判所へ提出された申立書に記載されたＦＣＮＴの直近２０２３年3月期の業績を見ると、売上高こそ８００億円台を確保したものの、売上総利益（以下、粗利）は前期から１２０億円以上減少し、経常損失１０６億円、当期純損失も95億円と赤字幅は前期から大幅に拡大していたことが分かる。Ｐ＆Ｓ事業においては海外からの仕入れが大半を占めていたところ、２０２２年度は円安が急速に進行したことで仕入れコストが大きく増加、さらに半導体不足による価格高騰が粗利を大幅に減少させ、グループ全体の資金繰りも急速に悪化することになったのである。

前述したＬＢＯローンによって、ＲＥＩＮＯＷＡを主債務者とする借入金に対して、ＦＣＮＴおよびＪＥＭＳの預金、売掛債権、棚卸し資産、不動産など保有資産には担保が設定されており、業績の悪化が顕著となるなかで金融機関から新規の資金調達は困難であった。このため、取引先に対して支払い猶予を要請する一方、前払い金を受けるなどしてしのいでいたという。そこまで手元資金に余裕のない状態とあっては、法的整理によることなくスポンサーを得ることも難しく、思うように進まないまま、５月31日の支払い資金が不足する事態となっていた。

今回の民事再生法を前に、シニア向けＳＮＳサービスなどの事業についてはスポンサー支援を得ることができたものの、それ以外の製造・販売事業などについてスポンサーが現れることはなかった。法的整理の申請後、ＬｅｎｏｖｏＧｒｏｕｐＬｉｍｉｔｅｄがサービス事業およびプロダクト事業についても支援する意向が示され、新生ＦＣＮＴ合同会社に事業が譲渡されることとなった。円安の進行や半導体不足など予期せぬ事態が起きたことは事実であるが、大手スマホメーカーでさえ法的整理前にスポンサー選定がスムーズに進まなかったこの状況こそ、携帯端末メーカーとして生き残っていくことがいかに難しくなってきているかということを示しているのかもしれない。

運命の分かれ道

①　iPhoneが市場シェアを拡大、富士通が携帯電話事業を切り離し

②　携帯端末事業の成熟化、買い替えサイクル長期化で業績悪化

③　急激な円安進行、半導体不足で仕入れコストが膨らむ

沿革

2018年	1月、ポラリス・キャピタル・グループが富士通から携帯端末事業を譲り受け。REINOWAホールディングス設立。傘下にFCNT、JEMS2社
2021年	グループで当期純利益計上
2022年	円安、半導体不足などで業績大幅悪化
2023年	5月、FCNTなど3社が民事再生法の適用を申請

第5章
夏休み明け学食休業で大混乱、食堂運営会社の突然死

2023年
6〜12月
報告

貨物自動車運送 TRAIL

楽天モバイルへの水増し請求発覚で破産、刑事事件に

所在地　神奈川県相模原市中央区相模原3-8-26
登記面　東京都港区芝公園2-11-11
2023年3月29日破産手続き開始決定

楽天モバイルを舞台とした巨額詐欺――。同社の携帯電話基地局の整備に関する詐欺事件は、業界内外を騒然とさせた。本事件に関与した株式会社TRAILについて、破産手続き開始決定後の2023年8月22日に第1回債権者集会が開催された。

「TRAILはビクともしない」

TRAILの動きに不穏なところはないか――。問い合わせが寄せられたのは2022年8月下旬のこと。その時点では、何が起きているのか判然としなかったが、尋常ではない業績の急伸ぶりは確かに引っ掛かった。そう思ったのもつかの間、事態は急展開を迎えた。

同年8月30日、主要取引先の日本ロジステック株式会社（東京都千代田区、以下、日本ロジ社）が東京地裁へ民事再生法の適用を申請したのだ。同社の業績もまた急伸していたが、両社ともに楽天モバイル株式会社からの受注が大きく伸びている点で共通していた。公表されていた日本ロジ社の２０２２年３月期の決算書の負債額は約75億円であったが、民事再生法申請時の負債額は約１５１億円に倍増していた。

もはや不審な空気しか感じられない。早速、帝国データバンクの担当調査員がＴＲＡＩＬに連絡したところ、「日本ロジ社が倒産してもＴＲＡＩＬはビクともしない」とコメントしたという。しかし、この時点ですでにＴＲＡＩＬの資金繰りは破綻状態にあった。

楽天関連の受注で売り上げ急伸

ＴＲＡＩＬは運送業界での経験を積んだ代表によって、２０１４年7月に設立された。貨物運送および倉庫内物流業務を手がけ、業歴は浅いながらも、代表の前職時代からの人脈を生かして受注を獲得。運送事業は外注を活用して多種多様なものを扱い、２０１９年３月期には年収入高約9億円を計上していた。

転換期を迎えたのは、翌２０２０年３月期。楽天グループからの受注増を背景に、一般貨物自動車運送事業の許可を受けて車両を導入し、自社配送を行うようになった。とりわけ、楽天モバイルの携帯電話基地局設備の配送受注が急増。楽天の物流倉庫間輸送の受注も堅調に推移し、2020年3月期に約26億円だった年収入高は、2021年3月期に約92億円、さらに2022年3月期には約192億円に拡大した。この間、拠点を随時開設し、関東から中部、関西、さらには九州・沖縄と全国配送のネットワークを構築していた。TRAILを急成長させた楽天グループの仕事は、主に日本ロジ社を経由したものであった。その同社もまた、2020年3月期に約133億円だった年収入高は2021年3月期に約220億円、2022年3月期には約405億円へと急成長を遂げていた。

しかし、日本ロジ社が民事再生法を申請した2022年8月末以降、TRAILの車両は引き上げられ、事実上、事業継続は不可能な状態に陥ることとなった。突然の事態に周囲からは困惑する声が寄せられていたが、今後に向けた確定的な情報はいっさい聞かれなかった。多数の取引先を抱え、年商200億円近い規模の企業がこうした状態になることは、通常あり得ない。その後も従業員向けの説明会、解雇予告通知といった複数の情報が寄せられ、TDB担当者が幾度となく現地訪問と連絡を試みたが、確たる動きや回答はなかった。本社事務所に貼り紙が掲示されることはなく、実質的に事業を停止して以降も出社し続けていた社員も、「ここにいるのは自分一人。答える立場にない」とのやり取りに終始した。何とも曖昧な状態で年の瀬を迎えた。

明らかになった巨額の資金還流

日本ロジ社の民事再生をきっかけに明らかとなったのが、「楽天モバイル」に対する水増し請求と巨額の資金環流である。登場人物は「楽天モバイル」の元部長S氏と、その妻が代表を務める「TKロジ」、そして「日本ロジ社」「TRAIL」だった。

取引の構図はこうだ（次ページ図表参照）。楽天モバイルの基地局整備業務を担当していたS氏は、基地局部材の入出庫、保管、輸送業務を日本ロジ社へ委託。日本ロジ社は輸送業務をTRAILに再委託していた。再委託先のTRAILは、TKロジに対し、客観的にその必要性も合理性もないにもかかわらず、TKロジが営業コンサルティング費用などの名目で支払いを受けることを画策。水増し請求された委託料の一部が還流されていたことが明らかになった。楽天モバイルが関係者に対して提起している訴訟の事件記録では、これ以外にも複数の資金還流ルートがあったとされる。事態が明らかになり、S氏をはじめ、日本ロジ社の元常務、TRAIL代表など本件に絡んだ関係者は2023年3月3日に逮捕され、多くのメディアで報じられた。

TRAILについては、2023年1月13日付で弁護士に事後処理を一任し、3月29日に破産手続き開始決定を受けた。それから約5ヵ月後の8月22日、東京地裁で財産状況を含め

資金還流ルートの構図

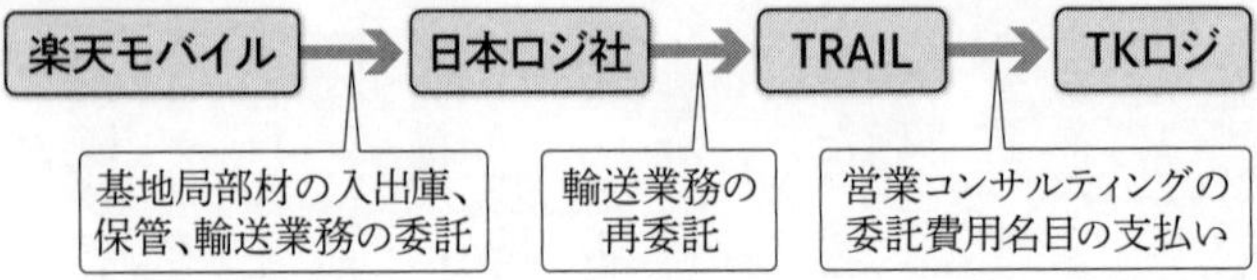

た債権者集会が開催された。会場には元従業員も含めた債権者が集まるなか、破産管財人は冒頭、「諸々騒がれている案件である。まだまだ調査をしないといけないことは多いが、現時点の状況を説明する」と話した。

集会開催時点でＴＲＡＩＬの代表は逮捕され、管財人は代表と接見できていないとしながらも、破産開始から当日までに内部関係者や車両などの物件の確認、国税局に対する再調査請求などが実施されたと説明した。ＴＲＡＩＬが実質的に事業停止となって以降、管財人は内部関係者から聴取を実施したものの、「直接の当事者とのやり取りはすべて代表が行っており、違法な行為をしているとの認識はなかった」との回答が多数を占めたようだ。

また、財産換価のためＴＲＡＩＬが保有していた大量の車両について、売却などの手続きを進めているが、車両情報を管理していたＰＣが行方不明になっていたことから、すべての車両の売却には至っていないとされた。なかには、エンジンや足回りその他の部品が取り外された車があったほか、所在不明の車両も存在しているとの説明もあった。

新たな資金還流先〝6社〟

集会ではまた、今回の主な破産要因となった委託料の水増しについて、ＴＲＡＩＬからＴＫロジ以外の６社に対しても〝実態の伴わない支払い〟が行われていたことが明らかとなった。２０１９年から実質的な倒産に至るまでの間、ＴＲＡＩＬから累計80億円超の資金が、コンサルティング費等の名目で支払われたことが国税局により認定された。

それまで通常通り営業を行ってきた会社がある日突然、不正取引が発覚し、一気に信用収縮が進むようなコンプラ違反に端を発した倒産がしばしば発生している。「業績の伸長に違和感はないか」「日ごろの取り引きのなかで気になる点はないか」「業界内の風評はどうか」などの観点から、一度立ち止まって取引可否を判断することが関係者にとっては必要となるだろう。

楽天モバイルから約98億円をだまし取ったとして、詐欺罪に問われたＴＲＡＩＬ代表の初公判が２０２３年８月25日、東京地裁で行われた。報道によれば、代表は水増し請求についての事実を認めたという。

運命の分かれ道

①楽天グループからの受注急増を受けて車両導入、自社配送に踏み込む

②楽天モバイルに対し、業務委託料の水増し請求などに手を染める

③楽天モバイル元部長らとの間で巨額の資金還流が発覚

沿革

２０１４年　７月、株式会社ＴＲＡＩＬ設立
２０２０年　楽天グループからの受注増、自社配送を手掛けるように
２０２２年　年収入高１９２億円に急増
８月、主要取引先の日本ロジステック株式会社が民事再生法適用申請。ＴＲＡＩＬも事業継続が困難に
２０２３年　３月、日本ロジステック元常務、ＴＲＡＩＬ代表を詐欺で逮捕
３月、破産手続き開始決定

「東京プラス歯科矯正歯科」運営 友伸會

歯科矯正、自由診療 規模追求の果てに招いた破綻

所在地 東京都豊島区南池袋2-29-9
代表(理事長) 坂下亨氏
年収入高 約80億3500万円(2022年8月期)
負債 約37億円
2023年9月29日民事再生法適用申請

「東京プラス歯科矯正歯科」の院名で、東京や神奈川を中心に矯正歯科を運営していた医療法人社団友伸會が2023年9月29日、東京地裁へ民事再生法の適用を申請した。運営施設を増やし、直近ではグループ全体で年商100億円に達するなど、歯科医院グループとして国内最大級の規模を誇ったが、業績不振の医院も見られ資金繰りが悪化。外部の支援機関が介入して再建を進めていたが、スポンサー支援の下で法的手続きによる再生を目指すこととなった。

「キレイライン矯正」で業容拡大

友伸會は元理事長が運営していた個人歯科医院を法人改組して2002年2月に設立された。当初は一般歯科や予防歯科を中心に手がけ、新規開院や歯科医院を譲り受けて事業規模を拡大し、2015年8月末時点で10施設を運営していた。

その後、2017年7月から矯正用マウスピース製造業者が展開する「キレイライン矯正」の提供を開始した。「キレイライン矯正」は、患者ごとにオーダーメードで作製したマウスピースを装着し、歯並びを改善する矯正法。見た目に影響の大きな上下の前歯6本ずつの矯正に特化し、ワイヤー矯正と比較して装置が透明で目立たない点や、安価で期間も短いなどの特徴があった。

これを契機に矯正治療を中心とした自由診療にシフト。新規開院や譲り受けを進め、2021年には29施設まで拡大した。割安なマウスピース矯正が歯科矯正市場に浸透し、市場規模が拡大した結果、同年8月期の年収入高は約86億3300万円に達し、さらに同年11月から12月にかけて5つの医療法人を買収したことから、2022年8月期にはグループ全体の年収入高が100億円に達するなど、歯科医院グループとしては国内最大級の規模となっていた。

しかし、買収した5法人が業績不振かつ債務超過状態だったことや、「キレイライン矯正」の技工料（原価）の高さも課題となっていた。

このため、2022年7月に矯正用マウスピース製造業者と「キレイライン矯正」の提携を解消。代わりに当法人が開発した利益率の高い自社ブランド「ホワイトライン」の広告・宣伝を積極的に手がけるようになった。しかし、この経営判断が結果として当法人の命運を分けることとなる。想定した新規顧客を確保できなかったどころか、来院患者数が大幅に減少。一方では施設数を増やしたことで固定費負担が重く、資金繰りが急速に悪化していた。

こうした状況を受け、同年10月29日には理事長が辞任し、別の人物が理事長に就任。新たなトップの主導のもと、11月中ごろから「キレイライン矯正」の提携再開や不採算医院の閉鎖を進めていた。12月に入り、東京都中小企業活性化協議会（以下、活性協）の利用を申請し、同月中ごろには金融機関やリース会社に対し返済猶予を要請した。「まさに寝耳に水。『優良先』と判断していたため、リスケ要請は完全に想定外だった」（金融機関担当者）など、多くの関係者に動揺が広がる事態となった。

活性協の下で自主再建の道を探るとともに、スポンサーによる再建も視野に入れて、候補先の選定に着手した。医療法人や事業会社、投資ファンドなどにスポンサー支援を打診し、数社との間で交渉を進めた。最終的には、介護・福祉事業を手がける企業グループの代表個人から資金サポートを受けた医療法人社団稔容会（東京都渋谷区、友伸會のグループ会社）と、「キレイライン矯正」で取引のあった矯正用マウスピース製造業者との間でスポンサー契約を締結するに至り、2023年9月29日に東京地裁へ民事再生法の適用を申請した。

稔容会へ15施設を承継し、他の施設は一部を矯正用マウスピース製造業者へ承継、残りは閉院を予定している。これらスポンサーへの施設譲渡は、東京地裁の許可を得たうえで、計画外事業譲渡の方法により行うもの。すでに治療費を支払っている既存患者の治療には、影響を及ぼさない形となっている。今後、スポンサーの支援・協力の下、民事再生手続きにより再生を目指す。

〝現金主義〟の落とし穴

歯科医院グループとして国内最大級の規模を誇った友伸會の倒産劇。元理事長が推し進めた業績不振な医療法人の買収に象徴されるように、「利益よりも規模拡大を優先した取り組み」や、強引に自社ブランドへの転換を図った経営判断の誤りが倒産を招いた。当法人を優良先と判断し、取引を行っていた多くの関係者が、深いため息とともに肩を落とす結果となった。

優良企業が突然の変調を来す場合、粉飾決算が疑われることが多い。今回のケースでも、金融・リース関係者からは粉飾を疑う声が聞かれた。民事再生申立書によると、活性協が2023年2月から再生計画策定支援に入るなかで実施した当法人の財務調査の結果は、2022年8月期末時点で約25億7000万円の債務超過だった。これについては、意図的に粉飾決算を行っていたというものではなく、会計処理上で生じた相違と見られる。

当法人は原則として、マウスピース矯正の治療費を治療開始時に一括で患者から受領するビジネスモデルとなっていた。こうしたケースでは一般的に、受領した治療費を前受け金として計上し、施術が行われて初めて売り上げと費用を計上する、いわゆる〝発生主義〟の会計処理がなされる。しかし、当法人は受領した治療費をそのまま全額売り上げに計上する〝現金主義〟で会計処理していたため、売り上げ計上と施術(費用)のタイミングに差が生じた。結果として費用計上が先延ばしとなり、決算書上の損益は黒字決算となっていた。

財務調査では、これを発生主義ベースに引き直した結果、2018年8月期以降、営業段階から赤字決算となり、純資産も大幅な債務超過となった。関係者が、「会計処理上の問題とはいえ、これはもはや粉飾だろう」(金融担当者)と怒りをにじませるのも無理はない。

結果として金融機関をはじめ、多くの取引先が優良先と判断し、〝騙される〟形となった。

当法人のようなビジネスモデルの企業では、損益状況の実態を把握するのが困難な場合が多い。相手先がどのような会計処理を行っているのか、十分に留意する必要があるだろう。

運命の分かれ道

①一般歯科、予防歯科から自由診療による矯正治療にシフト

②買収した法人の業績不振など急激なグループ膨張が重荷に

③利益率の高い自社ブランドが不振、来院患者が大幅に減少

沿革

2002年	2月、個人歯科医院を法人に改組、友伸會設立
2015年	新規開院、譲り受けなどで10施設を運営
2017年	キレイライン矯正の提供を開始、矯正治療にシフト
2021年	29施設に拡大
2022年	グループ売上高100億円を突破 キレイライン矯正の提携を解消、自社ブランド「ホワイトライン」スタート 10月、理事長が交代 11月、キレイライン矯正提携再開、不採算医院の閉鎖に着手 12月、金融機関、リース会社に返済猶予を要請
2023年	9月、民事再生法の適用を申請

食堂受託運営　ホーユー

夏休み明け学食休業で大混乱、食堂運営会社の突然死

所在地　広島県広島市中区舟入本町17－1
代表　山浦芳樹氏ほか１名
負債　約16億８０００万円
２０２３年９月25日破産手続き開始決定

多くの学校が夏休み明けを迎えた２０２３年９月１日、「食堂が運営されていない」という一報が入ってきた。学校や企業における食堂・寮食運営、給食提供などを手がける株式会社ホーユーは、事前に何の連絡もなく、一部で営業を停止した。寮生活を送る学生に食事を提供できなくなった高校をはじめ、混乱は全国各地に広がり、急遽代わりの給食業者を探したり、学校側が用意したりと対応に追われた。新学期に入るタイミングでの倒産劇、いったい何があったのだろうか。

息子が事業承継後に業容拡大

株式会社ホーユーは、1994年（平成6年）7月に飲食店の経営を目的として設立された。2000年6月に現社長の父である山浦邦弘氏が代表取締役社長に就任するとともに、商号を有限会社邦雄商事から有限会社ホーユー（2010年6月より株式会社ホーユー）へ変更した。主に広島県内や中国地方の大学、高校、官公庁、民間企業における食堂の企画・運営のほか、売店の運営や研修施設への食事提供などを主体に手がけてきた。

現社長の山浦芳樹氏が代表取締役に就任したのは2006年9月。これに前後して、本店所在地を広島市内で数回にわたり移転し、2014年12月以降は現所の本社ビルを実質本店として事業を展開してきた。山浦芳樹氏が代表となって以降、それまでの画一的な運営体制の改革に取り組み、提供先である企業や学校ごとに価格やメニュー構成を変更。顧客ニーズに対応することで、高校や大学、合同庁舎、県庁、税務署、研修所など、幅広く契約先を確保してきた。また、民間企業への食堂の新規開設や内外装のリニューアルなどの提案を行ってさらに業容を拡大し、広島や中四国地方などへ営業所を順次開設するとともに、アルバイト・

広島市のホーユー本社

パートを中心とした従業員も増やしていった。

こうして積み重ねてきた実績を生かし、近年は西日本以外での受注獲得にも注力。関西、東海から関東、東北、北海道にまでエリアを拡大させていた。なお、ホーユーのホームページ（現在は閉鎖）によると、北は岩手から南は鹿児島まで22営業所を構えていた。

全国各地へ事業エリアを積極的に広げるなか、２０２０年に入ってからは新型コロナウイルス感染拡大の影響を受けて経営環境が一変。コロナ禍当初は、受託先である学校関連の施設などが休校となり、食堂運営も休止せざるを得なくなった。官公庁や民間企業も感染防止策に伴う出社人数の制限などにより食堂の利用者数が大幅に落ち込み、業況は急速に悪化した。

その後もコロナ禍が長期化するなか、学校や企業においてオンライン授業や在宅勤務が幅広く導入されたことで、利益を確保できるだけの利用者数の回復は思惑通りに進まず、食堂の売り上げは低調な推移を余儀なくされた。

夏休み明けに各地で混乱

２０２３年9月1日、一部の受託先において「契約業者による食事提供ができない状態となっている」との情報が寄せられた。まさに夏休みが明けて、多くの学校で新学期を迎えたタイミングでの事態に、関係者らが慌てふためいた。ホーユー本社に休業や事業停止を知らせる貼り紙などはいっさいなく閉鎖されたままで、電話もつながらず、当初は営業実態がはっきりしなかった。

取材を続けるなかで、ホーユーの従業員だという方々から「何も聞かされていない」「仕事に出てこなくていいという連絡が急遽あっただけで、詳しい事情が分からず困惑している」という話が聞かれた。一方で、一部の現場では食事提供が続けられている拠点もあるなど、すべての現場がストップしているわけではなかった。情報が錯綜するなか、混乱は全国各地に及び、新聞やテレビも連日状況を報じることとなった。

報道が先行するなか、数日後ついに山浦社長が報道陣の取材に対して状況説明に応じた。「食材価格や光熱費、人件費などの高騰が大きな負担となり、2022年には全国で100ヵ所を超える施設への食事提供を停止した。直近の契約先は約150ヵ所あり、その半数程度で営業を停止することとなったが、別の事業者へ引き継いだ施設も一部ある。500人を超えるアルバイト・パートに対する給与未払いが発生している。今後、破産手続きの申し立てを行う予定で、従業員は解雇する見通し」という説明だった。

コロナ禍に加え、各種コストの上昇で経営環境が厳しさを増し、「給食業界はこのままでは破綻する」とまで語った山浦社長だが、以前から財務内容が悪化していたホーユーの運営体制に問題はなかったのだろうか。

コストの高騰が追い打ち

9月初め、各地で給食や食堂での食事提供を突如ストップした株式会社ホーユー。コロナ禍で事業を取り巻く環境が急変し、業況の低迷が続いた一方で、従前より県や市などから給食業務を受託する手法には問題を抱えていた。

公共施設における食堂運営は、一定期間の事業を一般競争入札により受託することとなる。大手や地元の同業者との価格競争が厳しくなるなか、大幅に低い価格で落札を重ねていたことが、事業停止に至った要因の一つだろう。受注先行で請負件数を増やすことにより実績は積めるものの、不採算となる案件もあり、受注体制そのものに課題があったことがうかがえる。近年は大手飲食チェーンや宅配業者などによる給食事業への参入もあって競合がさらに激化するなか、仕入れのスケールメリットも限定的となっていたようだ。

過年度より欠損を計上して債務超過の状態が続き、仕入れ先への支払い遅延を散発していた。このため、中小企業再生支援協議会（現・中小企業活性化協議会）に支援を要請するとともに、金融機関に対する借入金の返済条件の緩和を受けて経営再建に努めていたが、資金繰りは抜本的には改善しなかった。

その後、コロナ禍は落ち着きをみせ、利用者は回復しつつあった。しかし、提供先のニーズに対応した各種食材の価格高騰のみならず、運営に伴う光熱費、食事を作る調理スタッフ、栄養士の人件費の増加など、コスト負担の上昇により収益の悪化に拍車がかかっていた。欠員補充のために正社員の調理師や調理補助のパートを全国各地で複数名募集するなど、近年は早朝や夕方以降の時間帯を中心に、人材難が慢性化していたと見られる。このため、メニュー構成の見直しや役員報酬の削減などの合理化にも取り組んでいたが、そもそもの入札請負価格が低かったため資金繰りに余裕はなく、相次ぐ食材の値上げなど、各種コストの高騰が追い打ちとなった。

給食業界の厳しい経営環境

当初、帝国データバンクの取材に応じた代表は、「給食事業を取り巻く環境は非常に厳しく、自社努力だけではどうすることもできなかった」と語った。帝国データバンクが調査した「学校給食など『給食業界』動向調査（2022年度）」（2023年9月8日発表）では、国内で従業員や学生向けの食堂運営、給食サービスを手がける企業の34％が赤字であることが分かった。前年度と比較して減益となった企業を含めると、業績が悪化した企業は6割を超え、給食事業者の多くが厳しい経営状況を強いられている。さらに、コスト上昇分を

「まったく価格転嫁できていない」給食事業者は15%を占め、取引先との価格交渉が難しいと嘆く声も聞かれた。

学校給食法の対象外となる高校などの学食や給食の提供事業では、落札した給食事業者がその予算内で食材調達や調理を行う。ホーユーにおいても、生鮮食品や加工食品など各種食材の価格、光熱費、人件費が、入札時点の想定を大きく上回り、価格改定をスムーズに行うことも難しく、不採算となるケースがさらに増えたと見られる。

2022年以降、国内経済は長年のデフレからインフレに転じており、価格転嫁が進まない企業は収益悪化を余儀なくされている。こうした状況下、入札案件で他業者と比較して極端に低い価格を提示する事業者と契約する場合、契約期間が満了するまで事業を適正に遂行できるのかという判断基準をあらためて検討し、価格のみならず安定供給の観点に、より重きを置いた選定が重要となるだろう。

学生、利用者に負担を強いた「突然死」

夏休み明けの突然の事業ストップ。その状況は全国ニュースでも連日報道され、ホーユーのみならず給食事業者が置かれる厳しい経営状況が浮き彫りとなった。今回、被害を被った各学校や教育委員会などは、別の委託業者の選定を急ぐとともに、ホーユーに対して契約解除を通知し、違約金請求を行っているところもある。

その後、ホーユーは事業停止から1ヵ月近くが経った9月25日に破産手続き開始決定を受けた。物価高や人件費高騰、借入金の返済猶予の終了が重なってついに資金繰りに行き詰まり、事業が立ち行かなくなったのが夏休み明けというタイミングで、急遽、弁護士に事後処理を一任することとなった。なかには、調理設備や備品が放置されたままの現場もあった。

契約先での日々の給食のほか、寮生活を送る学生は一日三食すべて、業者の作る給食を頼りとしていたため、弁当を持参したり別途調達したりするなど大きな負担を強いられた。倒産直前まで事業継続を模索していたようだが、ホーユー側の対応は無責任ともとれる。せめて、夏休みの早い時点で関係者への状況説明や別事業者への引き継ぎなど、全国各地の学生や利用者への悪影響を最小限にとどめる対策を取ることはできなかったのだろうか。

ホーユーのアルバイト・パートを含めた約700名にのぼる従業員は解雇されることとなった。契約先では食事の臨時対応が続き、新たな業者による食事提供の再開に時間と追加費用もかかるなど、影響は多方面に及んでいる。全国的にも大きな注目を集める倒産となった。

運命の分かれ道

①新社長の就任後の急激な事業拡大、営業所の増設

②公共施設の食堂運営で競争入札に参加、大幅な低価格で落札を重ねる

③光熱費、人件費など慢性的な資金繰り難、新型コロナウイルス感染拡大

沿革

1994年　7月、有限会社邦雄商事設立
2000年　6月、山浦邦弘氏が代表取締役就任、有限会社ホーユーに商号変更
2006年　9月、山浦芳樹氏が代表取締役就任、顧客別に価格、メニューなどの構成を変更
2010年　6月、株式会社ホーユーに商号変更
2020年　新型コロナウイルス感染拡大により学校、官公庁での食堂運営を休止
2023年　9月、契約先学校などの食堂が営業停止
　　　　9月、破産手続き開始決定

100円ショップ向け日用雑貨企画製造、卸　近畿用品製造

ダイソーが出資した「優良企業」はなぜ破綻したのか

所在地　大阪府東大阪市加納4-7-28
代表　黒田昭次氏
負債　約103億3290万円
　　　2023年9月25日民事再生法適用申請

2023年9月、近畿用品製造が大阪地裁へ民事再生法の適用を申請した。取引銀行内では「つぶれない会社」と目されていた企業の破綻に、関係者からは「信じられない」「なぜこのタイミングで?」「やはりそうだったか」と、さまざまな反応が巻き起こった。近畿用品製造を倒産に追いつめた要因は何だったのか――。そこには、倒産に例外はないことを突き付ける、普遍的な真実があった。

100均の黎明期から

近畿用品製造は、1986年6月に大阪府堺市で創業。当初は靴下を吊るすプラスチック製フックを取り扱っていた。この頃はまだ自社で工場を持たず製造は外部へ委託する、どこにでもある零細企業だった。しかし、創業からわずか1年にして大きな転機を迎える。大創産業の代表取締役からの声かけにより、100円ショップ向けの専売業者の道を歩み始めることとなったのだ。業容は徐々に拡大し、'91年3月に法人改組。この年は、大創産業が初めて直営店を出した年でもあり、近畿用品製造は100円ショップの黎明期から業界を支えていた企業の一つだったといえる。

法人改組後すぐは、トレイやバスケットなどのプラスチック成型品を主体に取り扱っていたが、100円ショップの成長に伴い、扱い品目は徐々に増加。折しも、時代はバブル崩壊後の未曽有の不景気、30年以上続くデフレがスタートした時期と重なる。デフレ時代の成長業界であった100円ショップは、消費者の認知度が向上し、生活に欠かせないものとなっていく。その中でも、業界のトップランナーとして急成長を遂げていく大創産業とともに、売り上げも拡大していった。

1994年に大阪府松原市へ、2002年には同東大阪市へ本社を移転し、そのたびに本社を拡張していった。その後も、2005年にはタイに工場を開設（後に大創産業に売却）するなど、海外へ進出。国内の労務費の高騰とさらなるコストカットを理由に海外からの仕入れを増やしていった。中国やタイ、ベトナム、インドネシア、マレーシアなどの工場から直接仕入れることで、100円ショップの厳しい価格要請に対応し、2010年2月期には年売上高約81億円、経常利益約5０００万円を計上するまでに成長。この頃には、創業期から取引のある大創産業との蜜月関係は業界内で有名な話となり、「つぶれない会社」と目されるほどの成長を遂げていく。いつしか、取引先は近畿用品製造に大創産業の影を見るようになっていた。

看過された異変

順風満帆に見えた近畿用品製造だったが、２０１０年ごろ、金融取引で異変が起きる。主要取引行の一つだったメガバンクが貸付残高を大きく落とすとともに、いくつかの地方銀行も取引を解消し始めたのだ。業績は好調だったのになぜか？　実はこの頃、一部取引金融機関の中では、近畿用品製造の決算書に疑義が生じていた。「決算書が複数あるのではないか？」「簿外の借り入れがあるのではないか？」という疑義だ。事業拡大期における取引銀行の融資剝落《はくらく》は致命的で、一時は支払いに支障を来すほど資金繰りは追い込まれていた。

しかし、別のメガバンクからの追加融資や、複数の新規行からの資金調達で難局を乗り切る。その後もデフレが続くなか、生活に溶け込んだ１００円ショップとともに品目数、取り扱い領域を広げ、２０１３年には本格的に自社でプラスチック成型機を設置し、製造機能を獲得。売り上げ増加に伴い、大阪府和泉市に物流拠点も開設した。２０２２年2月期には年売上高約１４５億円、経常利益約１億５０００万円を計上。業種の特性上、利益率こそ高くないものの、押しも押されもせぬ有力企業となっていた。

直近の数年を見ても、メガバンクや地方銀行が積極的に私募債を引き受けるなど金融取引は順調で、格付けは当然「正常先」。コロナ禍でも支持され続けた１００円ショップは大きな痛手を負うことはなく、取引先の間で大きな信用不安情報が出ることもなかった。そんななか、２０２３年9月25日に突如として大阪地裁へ民事再生法の適用を申請する。「優良企業なのになぜ?」「大創産業との蜜月関係があったのにどうして?」という声がある一方で、10年以上前に浮上した決算書の疑義を覚えていた元関係者からは、「やはりか」との声が上がった。

粉飾で覆い隠した経営実態

結論から言うと、近畿用品製造の決算書は粉飾だった。取材時に判明した限りでも、金融機関用、税務署用、大創産業用の3つの決算書があったようだ。そのどれも経営の実態を表すものではなく、提出相手に合わせた決算書を作り込んでいたことがよく分かる。

２０２３年2月期の損益計算書を見ると、売上高は、銀行用が約１４５億円だったのに対し、税務署用では実態に近い約84億円。資金を調達したい近畿用品製造としては、銀行には業容を大きく見せる必要があった。営業利益は、銀行用が約1億7000万円、税務署用では約4億6900万円を計上している。しかし、その実態は8億円以上の損失計上であり、赤字決算は5期以上も続いていたようだ。この赤字の原因に特別なものはない。原材料価格の高騰に加え、円安が進んだことで輸入コストは上がり、さらに倉庫の人件費や物流費の価格転嫁が進まなかったという、至ってシンプルかつ現実的な要因だった。

同期の貸借対照表を見ると、銀行用の在庫は実態に近い7億円内外を計上している。銀行用の決算書の売上高が約145億円であったことを考えると、棚卸し資産回転期間は約0・6ヵ月と相当短い。また、預金を架空計上することで当座比率を高め、10年以上も前に回収不能になった貸付金を損失処理せず、資産として計上し続けた。銀行がチェックする財務分析項目を良く見せるための決算書を作成しており、ある取引銀行の審査担当者は「数字を見る限りでは優良企業。もちろん正常先だ。強いて言うなら自己資本がやや弱いかなというくらいで、それ以外はすべて、水準を大きく上回る数値を叩き出していた」と語っていた。

その一方で、税務署用では在庫を56億円内外も計上している。

東大阪市の近畿用品製造本社

在庫を過大計上することで売上原価を低減させ、利益を上げているように見せる粉飾手法が用いられていたからだ。税務署用ならば、月商8ヵ月分の在庫があろうが関係ない。税金の支払いの源泉となる「利益」を創出することを第一義とした決算書を作っていたと言えるだろう。決算は架空の数字で彩られた虚構だった。その実態は優良企業とは程遠い、数十億円の債務超過で、手の施しようのないほどに傷んでいた。

それでは、大創産業との蜜月関係も虚構だったのだろうか。おそらくそうではない。大創産業が粉飾決算を知っていたかは定かではないが、近畿用品製造が倒産するまでに大創産業は前渡し金という形で、25億円以上の資金支援を行っていた。これは、近畿用品製造にとって大創産業からの3・5ヵ月分の受注金額に相当する。この資金支援がなければ、資金繰りはもっと早くに破綻していたはずだ。一般的に、得意先企業がこれだけのファイナンスを行うことはあり得ない。蜜月関係は続いていたと考えるのが普通だろう。さらに民事再生法の申請後すぐ、大創産業は新会社を設立し、近畿用品製造の事業継続を支持する意向を示していた。近畿用品製造がいかに重要な位置付けであったかが見て取れる。

近畿用品製造は、帝国データバンクの信用調査に対して長年にわたり非協力的な姿勢を貫いていた。具体的な業績数値だけでなく、あらゆる情報開示を避けてきた。まったく異なる複数の決算書があれば、どれを開示したとしても誰かにとっては不整合なものが出てくる。当然、実態の数値を言えば信用は地に堕《お》ちる。さらに、商流や仕入れ先、外注先など業績数値以外の情報を開示すれば、取引量から推定される売上高や収益性、資金繰り、在庫など不審な点が浮かび上がり、粉飾決算が明るみに出る可能性がある。そのことを恐れ、疑心暗鬼となり、調査に非協力的な姿勢を取り続けるしかなかったのかもしれない。

果たして「突然死」と言えるのか

１００円の製品を一つ作るには、原材料費、製造費、人件費、光熱費、輸入費用、運送費、パッケージ費などさまざまなコストがかかる。もちろん、工場建設費や土地取得費用、設備維持費、金融コストなど、長期的なコストも強いられる。そして、現在そのコストの大半が上昇している。しかし、１００円ショップは販売価格の変更が容易ではない。多くの１００円ショップ向けメーカーは、内容量を減らし、使用する原材料を減らし、省力化を進めるなどの企業努力でしのいでいる状況にある。

実際に、ある１００円ショップ向けメーカーの帝国データバンク調査報告書の「最新期の業績」欄を見ると、このような記述がある。「最新期は、得意先の１００円ショップの積極的な新規出店によって店舗数が増加したこと、既存店舗の販売量が好調であったこと、ハロウィンやクリスマス商材の販売が好調だったことなどから増収となった。損益面は、原材料価格や運送コストの上昇により仕入れ単価が上がり、粗利益率は前期より6・0ポイント以上も低下した。また、販管費は前期より大幅に増加。結果、営業損益以下の各段階損益は欠損計上を余儀なくされた」（一部抜粋）。

銀行の審査担当者（前出）は「いま思えば、近畿用品製造だけが業界環境に比べて財務分析数値が良すぎた。同業他社と事業環境は変わらないはずなのに……」とため息を漏らしていた。

どんな業界にも、勝ち組がいれば負け組も存在する。それ自体は仕方がないことだと言える。近畿用品製造は、勝ち組の仮面をかぶった負け組だったということだろう。世の中がデフレ脱却へと進むなかで、近畿用品製造の経営者は負け組からの脱却を本気で目指していたのだろうか？　会社が置かれている現実を粉飾決算で覆い隠し、企業情報を秘匿し続けていては抜本的な経営改善に着手できない。見せかけの優良企業のままでは、事業の再構築や人員削減など大ナタを振るうことができないからだ。デフレ下での市場拡大によって成長を遂げた近畿用品製造は、デフレの終焉《しゅうえん》が近づく現在の環境変化に対応できず、関係者に業界の課題と決算書への不信感を残したまま、再生の道をたどることとなった。

運命の分かれ道

①大創産業からの声かけにより、100円ショップ専売業者に転換

②原材料価格の高騰、円安による輸入コスト増大、人件費、倉庫代増による収益悪化

③金融機関用、税務署用、大創用と3つの決算書をつくり粉飾

沿革

1986年	創業
1991年	3月、法人改組。近畿用品製造株式会社設立
1994年	大阪・松原市に本社移転
2002年	大阪・東大阪市に本社移転
2005年	タイに工場を開設
2010年	年売上高81億円に成長
2013年	自社でプラスチック成型機を設置
2022年	年売上高145億円に
2023年	9月、民事再生法の適用を申請

第6章
都心超一等地に移転したコンサルがはまった落とし穴

2024年1～9月報告

医療機器卸　白井松器械

創業150年の名門企業が隠し通した架空売り上げ

所在地　大阪府大阪市中央区森ノ宮中央1-19-16
代表　弘野俊彦氏
年売上高　約25億1００万円（２０２２年９月期）
負債　約86億９６８２万円
２０２３年９月19日民事再生法適用申請

解剖・病理・理化学分野向けの医療機器を取り扱う白井松器械株式会社は、２０２３年９月19日に大阪地裁へ民事再生法の適用を申請した。突然の倒産に関係者が驚いたのは言うまでもないが、その負債額の大きさに取引銀行をはじめとする債権者が眉をひそめた。「業績の安定した老舗企業」との定評を根底から覆したのは、20年以上にわたって続けられてきた粉飾決算だった。

ニッチ分野で強みを発揮

白井松器械は、１８７２年（明治５年）に医療器械商として創業。とりわけ強みを有していたのは、解剖・病理関連機器だ。解剖台やその周辺機器のほか、病理組織検査でのホルマリン固定に始まる標本作製用機器、標本保管庫などを取り扱っていた。ニッチな分野に入り込むことで、ユーザーから細やかなニーズを聞き出し、それに対応する自社製品も開発していた。

また、クライアントの目的や予算に合わせ、機器の選定からレイアウト、施工まで、検査室などをトータルでコンサルティングする空間プランニング事業にも取り組み、信頼を獲得。病理検査室を持つ国内ほぼすべての主要病院と取引実績を有するなど、業界のリーディングカンパニーとしての地位を築いてきた。

理化学機器の分野では大手製薬会社や大学研究室、民間研究機関などとの取引を拡大。東京や九州などに拠点を順次開設し、1994年10月期には年売上高約47億円を計上していた。しかしその後、得意先である製薬会社が相次いで合併したほか、国立大学の独立行政法人化に伴う予算カットの影響を受けるなど、研究分野の市場が縮小。主力のニッチな解剖・病理分野においても、同業他社の参入などで価格競争は激しさを増していた。

とはいえ、代表が一般社団法人大阪医療機器協会の理事を務めていたこともあり、業界でも一目置かれた存在だった。コロナ前までの年売上高はおおむね30億〜35億円で推移し、売上総利益（粗利益）率も16〜17％と変動幅は小さく、取引銀行からも「安定している企業」

との評価を得ていた。

新型コロナウイルスが蔓延した2020年以降は、得意先である病院への訪問が制限され、本来の営業活動ができなかったことで売上高は1割強落ち込んだ。それでも、赤字転落は回避。多くの取引銀行が債務者区分を「正常先」としていたように、コロナ禍さえ落ち着けば業績は戻り、新たに取り組みを始めた脱臭・除菌・害虫忌避システムといった環境改善機器の販売も業績改善に寄与することが期待されていた。

繰り返された粉飾の手口

しかし、2023年9月に突然、民事再生法の適用を申請したことで、医療機器業界や取引銀行に激震が走った。取材の過程で判明した負債は約87億円。取引銀行や信用調査会社が保有していた2022年9月期（1998年に決算期変更）の決算書の負債合計（約19億9682万円）とは、4倍以上もの開きがあった。

再生手続きの申立書には「遅くとも平成11年頃には（中略）粉飾決算を恒常的に行うようになった」との記述がある。つまり、20年以上にわたって粉飾を続け、取引銀行などに対して事実とは異なる決算書を提出していたということになる。申立書には明記されていないものの、毎期トントンもしくは赤字だった損益状況を、常に黒字であると見せかけることを目的に粉飾が行われていたようだ。年に数億円、多い時には10億円近くの金額が操作された可能性がある。

申立書にとじ込まれた決算書（税務申告用）を見て、その後に銀行提出用の決算書を見ると、粉飾の手口が推測できる。まずは、売上高に比べて異常なまでに膨れ上がった「売掛金」と「買掛金」に着目しなければならない。

（1）架空売上高の計上

安定した売り上げをあげているという対外的な評価を得るために、毎期のように架空の売上高を計上していた。仕訳上、貸借対照表の相手勘定には「売掛金」が使われ、雪だるま式に同勘定が膨らんでいったと見られる。この「売掛金」の膨らみ方を見れば、粉飾の常習性や程度の大きさが分かる。

（2）仕入高の水増し

（1）のように、売上高を水増しすると、同じ額だけ利益が上振れするものの、それまでの実績や業界平均と比べて粗利益率が異常に高くなってしまうなどの弊害が生じる。そこで、決算書を見る人に粉飾を疑われないよう、架空売上高の計上と同時に、架空の売上原価（仕入高）を計上することで、利益額を調整していた。仕訳上、貸借対照表の相手勘定には「買掛金」が使われ、こうした処理も毎期のように行われており、偽計度の高さが垣間見える。

（3）過年度損益修正の先送り

（1）により膨らんだ「売掛金」、（2）により膨らんだ「買掛金」は、ともに二十数年にわたって修正処理を行うことなく年々積み上げられたことで、実体のない資産・負債が決算書に残り続けた。

しかし、この税務申告用の決算書を取引銀行に提出すれば、一瞬にして粉飾が見破られてしまう。そのため、銀行提出用の決算書にはさらに手を加え、事実を隠していた。

（4）売掛金と買掛金の相殺

（1）（2）の粉飾により水増しした「売掛金」と「買掛金」の大半を、帳簿上で相殺。財務分析を行った際に異常値が出にくい水準まで両勘定を圧縮していた。実体がないものを消去するという点では、ある意味で適正な処理とも言えるが、相殺の動機は違うところにあり、悪質性が高い。

（5）売掛金と短期借入金の相殺

（4）のように相殺しても、「買掛金」より架空計上額が大きな「売掛金」は消去し切れずに残ってしまう。そこで、「売掛金」と「短期借入金」を相殺すること、つまり、短期借入金を簿外化することで調整したのである。ここまで来ると、もはや〝改竄《かいざん》〟の領域である。実際に、民事再生法の適用申請時点で融資取引が残っていた銀行は10行だったが、ある銀行が聞かされていた取引行は自行を含めて7行。各銀行の残高も自行より少ないとされていたが、実態はまったく異なるものだった。

（6）短期貸付金の棚卸し資産への振り替え

税務申告用の決算書に記載があり、銀行提出用に記載がない勘定科目が「短期貸付金」だ。金額はわずか160万円にすぎないが、銀行提出用では「商品」に振り替えられている。取引銀行に〝突っ込みどころ〟を与えないようにするなど、強い粉飾の意図を感じる。

このように、手口としては比較的初歩的ながら、長期にわたって多額の操作が行われ、銀行提出用の決算書ができあがっていたことが分かる。

取引銀行に〝マウント〟を取り続けた理由

このような粉飾により、「短期借入金」は、実際の残高よりも帳簿上の残高が約23億円も少ないという異常事態が生じていたことになる。では、長い間取引銀行に粉飾がバレなかったのは、なぜなのか。

ある取引銀行の融資担当者は「上場企業や有力企業では、税務申告書や勘定科目明細を徴求できないケースがあるが、売上高20億～30億円クラスの会社で徴求できていなかったのは白井松器械だけだった。最小限の情報開示しか得られないなど、常に相手が優位に立った状態での交渉を許してしまった」と唇を嚙む。決算時点における取引銀行別の預金・借入金残高一覧すら、書面ベースでは提出されず、何とか口頭でヒアリングできたら御の字、といった感じだったという。

銀行に厳しく難しい交渉相手、という印象は他の取引銀行も同じ。融資に際して、担保や保証などを求めたり、決算書以外の資料提出を要求したりすると、高圧的な態度で叱責して要求を取り下げさせた——。アポイントの時間が少しでも前後すると激怒された——。そんな話ばかりかと思いきや、各銀行が契約している当座貸越（当貸）枠は、それなりのロットで常時利用していたという。自行が残高トップのメインバンクであると自任していた銀行が4行もあったというほど、取引銀行は術中にはまってしまっていた。

しかし、法的整理を行った後になれば、そんな〝マウンティング〟の理由がはっきりと見えてくる。税務申告書や勘定科目明細などの開示を極端に嫌がったのは、言うまでもなく、粉飾の発覚を恐れていたから。アポイント時間のズレを許さなかったのは、他の取引行との予期せぬ鉢合わせを防止するためだ。

そして、当貸を主体とした取引に固執したのは、融資審査の都度、試算表や借入残高一覧などの書類提出を求められることを嫌がったためだろう。こうした書類は、粉飾した決算書との整合性をとるのに時間と手間がかかる。また、長期貸付金（証貸）は約定弁済があるため各銀行の残高変動が推定できてしまうなど、白井松器械側にとっては不都合が多かった。こうした「不都合なものはすべて突っぱねる」という考えが、マウンティングとなって表出していたのである。

このように、取引に前向きに対応しているうちは事象を好意的に捉えがちだが、倒産してしまったり、経営不振に陥ったりした途端に、「あの場面、あの局面では懐疑的な見方をしておかなければならなかった」と後悔するケースが多いのもまた、与信管理の常である。

脆くも崩れた150年企業の看板

創業150周年を迎えた矢先、決算内容にいささかの疑念を抱いていた銀行の融資担当者が、ある人との会話をきっかけに粉飾を突き止めた。きっかけとなったキーワードは「業歴150年の会社」。その会話上で会社名は出てこなかったそうだが、話の流れでピンときたのだという。あの手この手で情報を探ると、取引がないはずの銀行が融資を行っていることが判明。その後、確証を得た銀行は当貸の一括弁済を要求した。

こうした事態を受け、白井松器械は、有価証券の売却や、他の取引銀行への当貸増枠要請などでひとまず危機を乗り越えたが、一度狂った歯車は簡単には元に戻らない。突如の増枠要請に違和感を覚えたいくつかの銀行は、情報開示が乏しいことなどを理由に要請を謝絶。他にも粉飾に気付く銀行が出てきて、同じように当貸の一括弁済を突き付けられた。

白井松器械と銀行の立場は完全に逆転し、長い年月をかけて積み上げた信用は一瞬にして崩れ去った。銀行に通告された期日である2023年9月19日までに資金を用立てる見通しが立たなくなり、自主再建を断念した。

それから半年あまりが経過。すでにスポンサーの下、再生への歩みをスタートしている。就任したスポンサーは、果たして何を重視して支援の手を差し伸べたのか——。営業基盤や営業許認可などの事業価値か。それとも、無担保で温存されてきた本社不動産などの物的価値か。それこそが、150年にも及ぶ白井松器械の歴史の評価ということになるのだろう。

運命の分かれ道

①得意先の製薬会社の合併、大学研究室の減少など商圏の縮小

②20年以上にわたって行われていた粉飾決算

③粉飾に気づいた金融機関の資金引き上げ、一括弁済要求

沿革

1872年　医療器械商として創業
1938年　白井松器械工業株式会社設立
1955年　自社製品、輸入製品を販売展開
1968年　白井松器械株式会社に改称
1994年　売上高47億円を計上
1999年　粉飾決算の恒常化
2023年　9月、民事再生法の適用を申請
2024年　4月、NKパートナーズ株式会社とスポンサー契約を締結
　　　　5月、元社長が詐欺容疑で逮捕

環境関連製品の企画・販売 テックコーポレーション

多数の連鎖倒産招いた「架空・循環」取引の誘惑

所在地　広島県広島市中区三川町2-6
代表　中本義範氏
負債　約191億9486万円
　2024年3月18日破産手続き開始決定

2024年3月6日に事業を停止し、同月18日に約191億9486万円にのぼる負債を抱えて広島地裁より破産手続き開始決定を受けた株式会社テックコーポレーション（以下、テック社）。債権者は北海道から鹿児島まで全国各地に広がり、約445名にも及ぶ大型倒産となった。このうち、億を超える焦げ付きが生じた債権者は40社ほどあり、その後、約10社が連鎖倒産に追い込まれた。7月19日に開催された第1回債権者集会で明かされた取引の実態と破産に至った真相に迫る。

環境・衛生商材に特化して業容拡大

テック社は、代表の中本義範氏が自動車部品の販売を目的に1976年（昭和51年）9月に山口県熊毛郡田布施町で創業し、'84年（昭和59年）4月に有限会社柳井ミングセンターの商号で法人改組された。その後、広島市へ本店を移転し、'90年10月に株式会社テックコーポレーションへ商号変更した。'99年ごろから生ごみ分別処理機、磁気健康中敷きなどの販売を開始し、本店および広島開発センターを拠点として、札幌や仙台、東京、名古屋、金沢、大阪、福岡などの中核都市の一等地に支社・支店を構え、全国へエリアを広げていった。

主力商品は、水道水を酸性電解水にし、手洗いや食品の洗浄などに使える給水器「@除菌シリーズ」、水道水を洗浄・除菌力のある水に変えるシステム「守る水」、微細な気泡ファインバブルを発生させる装置「ファインアクアシリーズ」、水素水サーバーなどで、環境・衛生関連の機械や装置の開発および製造を手がけ、時流にあわせた商材を次々にリリースしてきた。商品の提供は販売店方式で行い、各学校や医療機関、食品工場、飲食店など幅広くエンドユーザーを獲得するなど、積極的な営業展開を進めてきた。

手形割引に依存した資金運営

近年、環境ビジネスに注目が集まるなか、環境マネジメントシステムの国際規格「ISO14001」の認証を取得し、自社ブランド商品など100種類もの機器を扱い、売り上げを伸長させる一方、売り上げの回収は手形が中心で、回収サイクルが長期化している点が従前より課題となっていた。また、支払いが先行するサイトバランスであったため、広島県内に支店を構える複数の金融機関のみならず、関西・関東の金融機関で手形を割り引いて早期に現金化し、資金繰りを回す状況が続いていた。

テック社の破産申立書や債権者集会報告書によると、同業者との競合、環境衛生ビジネスへの異業種企業の参入のほか、消費者庁より水素水の効果に疑問があると発表されるなどで取り巻く事業環境が厳しさを増した。また、新型コロナの感染拡大により一部の衛生商品の需要は伸びたものの、コロナ対策製品では競合品も多く、原材料価格の高騰もあって経営状況は悪化し、2022年7月期決算では赤字の計上を余儀なくされたとある。

その後、同年9月には大口の取引先が倒産したため、不良債権が発生し、さらなる資金繰りの悪化に陥った。そのほか、2023年後半以降、一部製品で水漏れなどが発生し、その修理・返品対応に追われるトラブルも重なり、新規営業が計画通りに進まず、事業環境はさらに悪化していった。そして、ついに資金繰りが逼迫し、2024年3月5日付の手形決済の資金手当てができなくなり、翌6日に実質的に事業を停止することとなった。

循環取引の魔力

ここで、テック社の破産を受けて連鎖倒産に至ったある企業（A社）の取引概要を見てみたい。

①A社は電解水の製造機器の販売店となり、テック社より製品を仕入れ、代金を手形で支払った。

②その後、テック社より「A社の商品をテック社で販売するので、在庫を追加で一度仕入れたかたちにしてほしい」と打診があり、さらに商品を仕入れたが、実際に商品は納入されなかった。

③同様の取引が繰り返されるなか、テック社より「A社が持つ在庫の買い手をテック社で探す。その前に、テック社の在庫をある企業に買ってもらうのだが、A社が一度買い受けて、その代金を手形で支払ってほしい。ただ、その手形の支払期日までに、テック社が5％上乗せした金額をA社に送金する」と持ち掛けられた。

④A社が保有する在庫ではなく、テック社の在庫の販売に関して、なぜ一度買い受けなければならないのかA社は疑問に思いながらも、自社の在庫の買い手を探してもらえるメリットもあるため、A社はその後も複数回にわたって手形を振り出した。

こうして、A社としては先に手形を振り出しても、支払期日までにはテック社から支払金額の5％がプラスされた入金があるため、同様の取引を繰り返し、帳簿上の売り上げも増加していった。ただ、取引の実態としてはユーザーが存在せず、商品そのものの動きもなく、

架空計上した売上高と手形割引高の推移　（億円）

	2018年7月期	2019年7月期	2020年7月期	2021年7月期	2022年7月期	2023年7月期
①決算書上の売上高	124	145	179	178	164	194
②実際に商品の引き渡しを目的とした売買の売上高	44	28	62	46	44	34
①－②【架空計上した売上高】	80	117	117	132	120	160
手形割引高	43	63	84	69	74	72

実際は架空の売り上げがテック社とA社の双方に計上されただけという見方ができる。テック社の倒産で、販売店である企業が債権者一覧に載っている理由はこの構図にある。本来、販売店はテック社から製品を買う側で、その代金を支払う義務が生じるため「債務者」となるのが通常である。しかし、テック社が販売店である企業から製品を買い戻すことで、今度はテック社が販売店へ支払うこととなるため、販売店が「債権者」となっているのである。取引企業のなかには債務者であると同時に、債権者として申立資料に名を連ねているところも多かった。

こうした取引のなかで、テック社は先に受けた手形を早々に金融機関で割り引き、手元資金としていた。一方で、テック社から順調に支払いがあるうちはA社にとって利点があるが、テック社からの支払いが一度ストップしてしまうと、当然ながらA社も支払いが困難となるリスクを元々負っていた。そして、２０２４年３月、テック社の事業停止によりそれが現実となり、手形の決済金が準備できず、A社も倒産せざるを得なくなった。

本業の不振が続いていたなか、新たな事業による経営の立て直しを模索していたA社は、この間、テック社からしつこく手形の振り出しを依頼されていたという。A社としても取引を停止すると、テック社からの入金が止まる恐れがあったため、ずるずると取引を継続してしまったようだ。

相次ぐ連鎖倒産

以上は一例であり、個々の契約で取引内容は様々なケースがある。しかし、テック社との取引の頻度、取引額、自社の本業に対する売り上げ比率が高かった企業のなかには、テック社との取引を開始して以降、取引量が増えて売り上げが短期間に急伸した企業が見られた。それ故に、テック社の倒産に伴い被害が大きくなり、連鎖倒産が相次ぐ事態となった。

A社のように倒産に至った企業のみならず、テック社に振り出し済みの手形の回収を図ろうとしたものの、すでに銀行などで割り引かれていたため、その多額の決済ができなくなった企業もある。そのほか、不良債権により債務超過に陥った企業、対外的な信用が大きく低下した企業、他の取引先への支払いを延期したり、社有不動産の売却で当面の資金繰りを調整したりした企業など、経営状況に大打撃を受けた企業が散見されている。たとえ事業の継続が可能な企業であっても、すでに買い受けている在庫を新たに販売することが難しく、塩漬けになり実損が膨らむことも考えられる。また、「テック社の債権者名簿にある債権額と自社が把握している取引額が合わない」といった企業もあるなど、取引の詳細が不明瞭で、実態を把握しづらい状況となっていた。

明かされた取引の実態と残る疑問

2024年7月19日に開催された債権者集会では、架空取引を繰り返していたことが明らかにされた。決算書上の数字の内訳をはっきりさせる資料はなく、実際に商品の引き渡しを目的とした売買の売上高を拾い出すと、毎期100億円規模の大きな乖離があり、直近の2023年7月期では架空の売上高が8割を超える異常値となっていた。また、架空の売り上げの拡大に伴って手形割引高も増えていった。

テック社は販売店に対して2000万円や3000万円という基準で数十〜数百台をまとめて販売していたが、なかには、商品の引き渡しを念頭に置いていない売買契約を締結し、4ヵ月後や6ヵ月後に年利10％の金利を上乗せして返済する約束で資金調達していたケースが多々あった。こうした契約は少なくとも2008年以前より開始されていた。また、販売店への売却は在庫商品を確認して行うものではなく、もとより売買契約のすべてを生産・発注していないうえ、資金繰りに協力するための売買契約については現実に保管しているものとして取り扱っていなかった。一方、販売店側も保管場所の関係で商品の引き渡しを早くするよう求めることは少なかったようだ。このため、テック社の倒産時に販売店が本来持っているべき商品数と、テック社の在庫数が合わず、返還希望が相次いだ。債権者集会における質疑応答は約1時間も続き、テック社の破産により連鎖倒産した企業の代理人弁護士などから意見・要望があったほか、声高に中本社長へ意見を求める場面も見られた。

直近では、社員数が約130名にのぼり、取引先は2000社を数え、将来的には海外での拡販も視野に入れていたテック社。その実態は、中本社長によるワンマン経営で、重要事項を取締役会における合議で決定することもないなか、通常の商取引から大きく外れたモノとカネの流れを止めることができなかった。長年にわたってずさんな経営が行われ、多くの取引先、金融機関が巻き込まれることとなった。なかには、デモ製品を直接確認して売買契約を結んだものの、その製品自体が実際には生産されておらず、代金を支払った後に一度も納入されなかった取引先もあったようだ。こうした不可解な取引が実際にはどれほどあったのか。腑に落ちない点が多く残る大型倒産だった。

運命の分かれ道

①　100種類もの機器を扱い、手形取引による回収サイトの長期化

②　販売する機器の水素水の効果に疑問があると消費者庁が指摘

③　帳簿上の売り上げ、ユーザーが存在しない架空売り上げが常態化

沿革

１９７６年　自動車部品の販売を目的に創業
１９８４年　有限会社に法人改組
１９９０年　10月、株式会社テックコーポレーションに商号変更
１９９９年頃　生ごみ分別処理機、磁気健康中敷きなどの販売開始
２０２３年　一部製品に水漏れなどが発生
２０２４年　3月、破産手続き開始決定

補助金申請コンサルティング 北浜グローバル経営

都心超一等地に移転したコンサルがはまった落とし穴

所在地　大阪府大阪市北区梅田1-13-1
代表　前井宏之氏
年収入高　約35億8500万円(2023年3月期)
負債　約28億1000万円
2024年5月24日破産手続き開始決定

補助金申請をはじめとする中小企業向けコンサルティングを手がけていた北浜グローバル経営株式会社（以下、北浜G）が、2024年5月24日に大阪地裁へ自己破産を申請し、同日破産手続き開始決定を受けた。コロナ禍が追い風となり、再建を目指す中小企業の補助金申請をサポートしながら急成長を遂げていたが、補助金をめぐる行政方針の変更に翻弄され、破産に追い込まれた。ただ、最大の蹉跌は、身の丈を超えた積極経営によって、サービスの質の低下を招いたことだった。

提携金融機関を増やし急成長

北浜Gは、北浜国際特許事務所を主宰する前井宏之氏が、中小企業向けの経営支援サービスを目的として2012年10月に設立した。

当初は、人材育成支援に関するコンサルティングの受注が中心であったが、徐々に補助金・助成金の申請支援コンサルティングにシフト。ものづくり補助金やキャリアアップ助成金といった、中小企業支援策を活用するための計画策定を手がけていた。

業績拡大のカギとなったのは、最終的に80近くにまで広がった提携金融機関の存在だ。紹介やビジネスマッチングによって補助金申請コンサルティングの案件を取り込み、存在感を高めていくなかで、新型コロナウイルスの感染拡大という〝神風〟が吹いた。

新規事業展開や業態転換を通じて生き残りを図ろうとする中小企業が増えるなか、「事業再構築補助金」の申請をめぐるコンサル案件は北浜Gの収入高を大きく押し上げ、コンサル業界内で一定のステータスを獲得した。

北浜Gは、多くの顧客を抱える金融機関にとっても〝都合の良い〟存在だったと言ってもいい。多くの場合、案件の紹介によって手数料（フィー）を受け取ることができる契約先となっていたからだ。

それだけではない。紹介さえしておけば、補助金が採択されてから交付されるまでの間に、補助金申請者が用立てなければならない「つなぎ資金」の獲得にもつながる。さらに、金融庁から求められるコンサルティング機能の発揮という側面では、〝補助金活用による経営支援を目的としたビジネスマッチングを行った〟という実績にもなる。

新規の融資案件獲得に日々奮闘する金融機関からしてみれば、比較的楽に収益や融資などを獲得できる〝一石三鳥〟の案件だったのだ。

また、事業再構築補助金の採択率の高さも、追加案件の獲得を後押しした。第1回から第8回までの公募における北浜Gの採択率はおおむね55〜65％と、同業平均の45〜50％を上回る値をマーク。「北浜Gに任せておけば大丈夫」という安心感を与える裏付けとなった。補助金申請者からしてみれば、信頼している金融機関から、信頼性の高い補助金申請コンサルタントを紹介してもらえるのだから、納得感も高い。

こうして三者の利害が一致する形で、北浜Gには次々と案件が舞い込んだ。自社でコツコツと営業先を開拓するよりもはるかに速いペースで実績が積み上がったことだろう。

大阪・東京の拠点はオーバースペック

世の中が経済正常化に向けて動くなか、受託案件数は順調に伸びていたものの、時代は人手不足。北浜Gも徐々にスタッフ不足が深刻になり、金融機関経験者などの転職組を受け入れつつ、経験の浅い〝初心者〟も取り込んだ。

それでも足りない分は、懇意の中小企業診断士やフリーランスなど外部に委託し、何とか案件処理を進めざるを得なくなり、委託コストも増加。とにかく人員を確保して、積み上がった仕事を処理することが、最大の経営課題になっていた。

そこで、2022年7月に、阪神電車・大阪梅田駅と地下で直結する「大阪梅田ツインタワーズ・サウス」に本店を移転。その2ヵ月後には、東京支社を東京駅から徒歩1分の場所にある「TOKYO TORCH 常盤橋タワー」へ移転した。両拠点とも、大手企業などと肩を並べながら、抜群のアクセスを誇る場所であり、成長企業という印象を与えるには申し分のない場所だ。

しかし、大阪の一等地にある本店の月々の家賃はおよそ3000万円。一時は300名近くに達した従業員を受け入れるためのキャパシティとしては十分すぎるスペックだったが、膨らんでいた人件費とともに、家賃も相当な負担となっていた。

人材育成追い付かず？　採択率が急低下

北浜Gに異変が起きたのは2023年春。同年1月から3月にかけて公募された事業再構築補助金の第9回の採択結果が公表され、北浜Gが申請に関わった案件の採択率が36・0％にまで落ちたのだ。

ところが、全体の採択率はそれ以前とほぼ変わらない。そうなると、採択率低下の原因を案件そのものの内容の低下といった、外的な事象に求めるのは難しい。矢継ぎ早の人員補充で教育・研修が追い付かないなど、「プロフェッショナル未満」のスタッフが増え過ぎてしまったという、内的要因であると考えるべきだろう。

ちょうどこの頃、提携金融機関の審査担当者が、とあるつなぎ資金の案件に関して補助金申請の進捗確認を行ったのだという。その際に、完成前の申請書類の一部を見て「申請が通るとは思えない出来映えと感じた」ように、明らかな〝質〟の低下が露見していた。

そして、北浜G自身もある提携金融機関に融資を打診したが、謝絶されている。その交渉の場に居合わせた融資担当者は「1000万円でも2000万円でもいい、という切羽詰まった口ぶりだった」と当時を振り返る。

受託案件増加で膨らみ続けた先行支出

ここで、北浜Gにおける資金の流れをあらためて確認しておこう。補助金申請コンサルを始めたころの報酬体系は、完全成功報酬型。事業計画や資金計画の作成などをサポートし、無事に採択されたことを条件に「成功報酬」を受領する決まりだった。つまり、着手から採択までの間に要したコストが先行支出となり、成功報酬で回収する資金パターンで、受託案件が増えれば増えるほど、営業キャッシュフローのマイナスが大きくなる状態にあった。

しかし、実際には、着手から採択まで数ヵ月を要することも少なくなかった。営業キャッシュフローのマイナスが大きくなるなか、借入金で資金を手当てしていたが、それでは足りず、着手時に補助金申請者から一部を「手付け」として前受けする方式に切り替えたほどだ。

特に2022年以降は、大規模な人員補充による人件費の増加と、本店移転に伴う家賃の増加により、先行支出は以前とは比べようもないほど大きなものとなって、借入金残高もみるみるうちに膨らんでいった。それでも、この時点で倒産に至るとは誰も予想だにしなかったことだろう。

行政方針の変更で窮地に

2023年秋には、歯車の回転が完全におかしくなった。9月に事業再構築補助金の第10回公募の採択結果が公表されたが、北浜Gが申請に関わった案件の採択率はわずか15・3%。見込んでいた成功報酬が得られない事態となった。

さらに、第11回公募からは、行政方針の変更により補助金審査が厳格化され、中請資料が増加したり複雑化したりする事態となった。また、代理申請へのチェックも厳しくなるなど、申請にかかる負担が大幅に増加。さらに、採択発表が大幅に延期されたうえ、全体の採択率も26・4％とかつてないほどの低水準となった。

この結果、毎月2億円以上の赤字が継続することになり、資金繰りは瞬く間に悪化。2024年3月には、取引債務や公租公課の支払いが困難となる状況に陥っていた。4月に入り、スポンサー探しを始めたが、時すでに遅し。将来性や資金支援の面での折り合いがつかず、5月24日に事業継続を断念し、大阪地裁へ自己破産を申請した。

多くのクライアントを裏切る結果に

振り返るならば、本店を一等地に移転した経営判断が最大の誤りと言えるのではないだろうか。そもそも、こうした事務中心の業務であれば、立派なオフィスは要らない。外部委託していたフリーランスのように、リモートワークでも十分に対応できる業務だったはずだ。

また、補助金申請を入り口として、後の経営支援コンサルにつなげていこうと考えていたことは、十分に理解できる。しかし、人材不足の真っただ中で、身の丈を超える案件数を受託してオーバーフローしたことも、大きな蹉跌と言える。

ただ、引っかかるのは、少なくとも1年前から経営状態の悪化がうかがえたのに、倒産の数ヵ月前まで取引金融機関にそうした窮状を打ち明けなかった点だ。ある提携金融機関は、北浜Gの営業担当者が倒産当日の午前中にも案件紹介をお願いしに来ていたという。多くのクライアントを連れてきた金融機関に、後足で砂をかけるような倒産の仕方は決して気持ちがいいものではない。

倒産後に開催されたクライアント向け説明会の場では、潜在的な債権者が2500〜3000名にのぼる可能性が指摘されたという。着手金を払ったのに採択までたどり着かなかったクライアントもいれば、補助金交付に向けた手続きのサポートを受けているクライアントもいたはずだ。彼らも「あとはご自身で……」と非情な通告を受け、路頭に迷うことになった。

もともと人材育成支援コンサルを手がけていた企業が、自社の人材育成でつまずくとはなんとも皮肉な話。最後に補助金審査の厳格化というダメ押しがあったにせよ、他社の再構築計画をスムーズに進められなかった会社に、〝自社事業の再構築〟という課題は重すぎたのかもしれない。

運命の分かれ道

①新型コロナウイルス感染拡大に伴う補助金申請業務で紹介殺到、人手不足が深刻に

②本店、東京支社を一等地のビルに移転、過大な家賃負担が発生

③スタッフの教育研修が追いつかず、補助金申請書類の質的低下を誘発、採択率が大幅に悪化

沿革

２０１２年　10月、北浜グローバル経営株式会社設立
２０２０年　新型コロナウイルス感染拡大で補助金申請コンサル業容拡大
２０２２年　7月、大阪梅田ツインタワーズ・サウスに本店移転
　　　　　　9月、ＴＯＫＹＯ ＴＯＲＣＨ 常盤橋タワーに東京支社移転
２０２３年　第９回事業再構築補助金の採択率が悪化
２０２４年　5月、事業継続を断念、自己破産を申請

Webシステム開発　エー・アンド・ビー・コンピュータ

事業譲渡型破産で事業と雇用を維持するという選択

所在地　東京都港区北青山3-11-7
代表　千葉宏一氏
年売上高　約11億1700万円（2023年12月期）
負債　約6億3900万円
2024年4月2日破産手続き開始決定

Webシステム開発などを手がけていた株式会社エー・アンド・ビー・コンピュータが、2024年4月2日に東京地裁へ自己破産を申請し、同日破産手続き開始決定を受けた。ＩＴ人材不足のなか、システムエンジニア（以下、ＳＥ）の採用を増やすことで業容を拡大させてきたが、ＳＥの人件費高騰の影響を受けて経営が悪化。最後は公租公課の滞納を理由に、差し押さえが執行されるなど資金繰りが悪化するなか、事業および従業員、取引関係を別会社に譲渡し、清算することとなった。

人材採用と育成に注力し、業容拡大

代表が前職での経験を生かし、システム開発を目的に２００３年６月に設立した。代表が大企業で従事してきた人脈を活用し、顧客を開拓。金融機関や生損保、メーカー、流通などをエンドユーザーに、大手システムインテグレーターからの下請けを中心とした受注で、Ｗｅｂシステム開発、銀行の勘定系業務システムの設計・開発、電子帳簿Ｗｅｂアプリケーション開発、ネットワーク・インフラ・サーバーの設計・構築、モバイルアプリケーション開発などを手がけていた。

特に近年は人材の採用と育成に注力し、大半のエンジニアがＳＥＳ（システムエンジニアリングサービス）契約のもと得意先に常駐する形をとり、パートナー人材を含め、１５０名程度のエンジニアが稼働。高いマネジメント能力や、質の高い実務経験豊富なエンジニアを抱え人材には定評があり、リピート受注なども得て、２０２３年12月期には年売上高約11億１７００万円を計上していた。

差し押さえ執行で資金繰り悪化

しかしこの間、採用強化によるエンジニアの増員に伴い人件費が増加したことに加え、本店移転に伴う諸経費がかさみ、２０２２年12月期は販管費を賄えず、営業損益段階から赤字に転落。翌2023年12月期も同様となり、同期には純資産がマイナス4568万円とついに債務超過に転落した。

2020年以降の新型コロナ感染拡大の影響に伴い、消費税および社会保険料の納付猶予を受けていた。しかし、税務署から2023年分消費税を2024年2月28日までに一括納付するよう求められたことに加え、日本年金機構からは、社会保険料の未納分に係る換価猶予の取消予告通知も受け取ったが、いずれも納付できず滞納状態となっていた。このため、国税庁や日本年金機構から口座預金などの差し押さえ執行を受けるなど資金繰りが悪化。3月末には資金ショートする可能性が高くなっていた。

私的整理を断念、事業譲渡型の破産へ

一方で、2023年11月ごろからスポンサー企業の選定を開始するとともに、債権者である主力金融機関の同意を得て、同年12月には準則型の私的整理手続きである「中小企業の事業再生等に関するガイドライン（以下、GL）」に基づく手続きを開始。同年12月から2024年3月末まで元本返済猶予を全取引金融機関に要請し、同意を得ていた。

スポンサー選定に関しては、120社を超える候補先に打診を行った結果、2024年1月31日付で、グループでインターネット広告を中心としたデジタルマーケティング事業を手

がける株式会社Orchestra Holdings（東証プライム、以下、O社）から私的整理手続きでの事業承継を前提とした意向表明書を受領。O社との間で本契約に向けた協議を進めたものの、デューデリジェンスの結果を踏まえた譲渡対価を含む条件面で折り合いがつかず、GLに基づく私的整理手続きを前提とした事業譲渡契約の締結を断念することとなった。

振り出しに戻ったことで、残りの選択肢は法的整理を前提とした事業譲渡契約となった。再び、エー・アンド・ビー・コンピュータの事業に関心を示していた候補者に打診したところ、最終的にO社を含む2社に絞られ、もっとも有利な条件を示したO社との間で、3月21日付で事業譲渡契約を締結。4月1日付で、同契約に基づき、エー・アンド・ビー・コンピュータの行っていた事業および従業員、取引関係などがO社の連結子会社である株式会社ヴエス（東京都渋谷区）へ譲渡されたことで、翌2日に東京地裁へ自己破産を申請し、同日破産手続き開始決定を受けた。

活発化する〝事業存続型倒産〟

会社という「ハコ」は破産により消滅したが、事業承継が行われたことで、より経営基盤が安定した企業グループの下で事業と雇用が守られる形となった。人手不足が深刻化するなか、IT業界の状況は特に厳しい。こうした状況ゆえに、ハイスキルなエンジニアを抱え、数多くの案件をこなしてきたエー・アンド・ビー・コンピュータは、ＩＴ人材の不足を感じている企業にとって魅力的に映ったのだろう。

積み上げてきた技術やノウハウ、顧客基盤など、いわゆる〝事業価値〟のある小規模企業が、「雇用を維持し、何とか事業を継続したい」と考え、民事再生法により再建を目指そうとしても、同法は申立費用（予納金）が数百万円もかかるため、現実的に申し立てのハードルが高い。

しかし民事再生法が困難で、破産しか選択肢がないとしても、スポンサーに事業譲渡できれば、エー・アンド・ビー・コンピュータのように、事業と雇用を守ることも可能だ。破産申請前に事業譲渡ができれば、債務者は事業譲渡の対価を受け取ることで、破産申請までの運転資金、破産申立費用や配当に充てることができるなどのメリットがあるほか、スポンサー側も合理的な対価で事業譲渡を受けられるため経済的なメリットがある。

ただし、破産申立前に事業譲渡を実行する場合、破産管財人による否認リスクがある。このため、債権者や裁判所、管財人候補者など利害関係人に事前に全体のスキームを説明するなど、十分な理解を得ておくことが必要だ。

近年、私的整理の制度も拡充されており、業況が悪化している企業の事業や雇用を切り出す、事業存続型の会社清算・再生の動きが活発化している。帝国データバンクが２０２４年

7月発表した「『事業存続型倒産』の実態調査（負債5億円以上）」の結果によると、破産でも事業存続したケースは２０２３年度で33件確認されている。

事業が存続することで、雇用の受け皿や代替のきかない産業の消失を回避するなど、地域経済にもたらす効果は大きい。必ずしも「倒産＝悪」ではなく、こうした手法が活用されることで企業の新陳代謝が促され、今後、国内経済の再生・成長が進むことが期待される。

運命の分かれ道

①エンジニアの増員に伴い人件費が増加

②本店移転などに伴う諸経費が増加

③私的整理手続きでの交渉がまとまらず、法的整理を前提とした事業譲渡契約へ

沿革

2003年　6月、株式会社エー・アンド・ビー・コンピュータ設立
2022年　営業損益の赤字を計上
2023年　債務超過に転落
　　　　12月、私的整理手続き開始
2024年　3月、Orchestra Holdingsへの事業譲渡契約を締結
　　　　4月、自己破産を申請

紳士服製造・販売 大賀

紳士服の名門 28年で溶けた131億円の内部留保

所在地　大阪府枚方市長尾谷町1-67-1
代表　大賀俊介氏
年売上高　約27億8100万円（2023年7月期）
負債　約37億2400万円
2024年7月26日民事再生法適用申請

創業105年を数える老舗紳士服メーカーの大賀株式会社が、2024年7月26日に大阪地裁へ民事再生法の適用を申請した。バブル崩壊、リーマン・ショックという外部環境の危機に直面するたびに売り上げを減らしたが、その間、抜本的な経営改善は進まずじまい。新型コロナウイルスの感染拡大に見舞われ、メインバンクから強力な金融支援を受けたものの、黒字転換を果たせないまま、法的再生の道に進むこととなった。

全国に縫製工場を開設

大賀は、1919年（大正8年）7月に創業。後に〝紳士服の聖地〟と言われるまでに発展した大阪・谷町において'49年（昭和24年）10月に法人改組された老舗の紳士服製造・販売業者だ。

戦後10年が経過しようとしていた'54年には「キングタイガー」の商標を決定し、スーツやコートの高級ブランドとして展開。'80年代後半のバブル期以前に現役バリバリで働いていた人にとっては懐かしいブランドのひとつではないだろうか。

販路は、京阪神地区をはじめとする全国の百貨店や紳士服専門店。業容拡大とともに全国主要都市に営業所を開設したほか、縫製工場を大阪府内の2ヵ所に加え、栃木県佐野市〈栃木大賀クロージング株式会社〉、北海道赤平市〈北海道大賀クロージング株式会社〉、宮崎市〈宮崎クロージング株式会社〉、宮城県白石市〈宮城大賀クロージング株式会社〉、秋田県仙北市〈秋田大賀クロージング株式会社〉に順次開設。地方における雇用にも貢献しながら生産能力を拡充し、'92年7月期には年売上高約334億8300万円を計上。国内でも有力紳士服メーカーの一社に数えられる規模にまで成長し、内部留保（純資産額）も約131億円まで積み上がっていた。

バブル崩壊後は悪化の一途

しかし、バブルが弾けたことで、飛ぶように高級スーツが売れた事業環境は一変。消費が冷え込んでスーツが売れなくなったばかりか、安価な中国製の紳士服が流入したことで、著しい値崩れも起こった。２０００年以降は百貨店や量販店の倒産が相次いだうえ、クールビズやカジュアル化が進展したこともあって、紳士服業界全体が大きく落ち込んだ。

こうしたなか、大賀は自社ブランドを主体とした展開から、イギリスやイタリアの海外有名ブランドスーツの提携製作へと舵を切った。また、百貨店のプライベートブランド紳士服のＯＥＭにも乗り出したが、売り上げの減少に歯止めがかからず、２０１１年7月期には年売上高が１００億円を下回ってしまった。

業界各社も〝あの手この手〟で対策を講じてきた。大賀と同じように百貨店内を中心に店舗展開していた同業者は、出店先を百貨店から集客力の高い商業施設へとシフト。販売スタイルも、プレタポルテ（既製服）の販売から、機能性を重視しつつ価格が抑えられるイージーオーダーや、オリジナリティを追求したフルオーダーへの転換を進めていた。大手の紳士服専門店も、オーダースーツの強化を図るとともに、閉鎖した店舗跡地を活用して飲食・物販・フィットネスなどのフランチャイジー事業、カラオケやネットカフェといったレジャー事業に乗り出すなど、新業態への転換を進めていた。

陳腐化したビジネスモデル

同業者や業界大手などの動きと対比すると、大賀の店舗展開は、百貨店の集客力とブランドのネームバリューに頼ったままで、変革に乏しかったと言わざるを得ない。一時的な景気回復で売り上げが上向いたとしても、ビジネスモデルが陳腐化しているため長続きせず、消費者ニーズとの乖離は広がり続けていった。

そして、リストラ費用ばかりが積み上がる。不採算店舗の閉店や、社員寮・営業所などの不動産売却、本店と工場の集約などを進めたが、〝売り上げ減少に歯止めをかける〟という抜本的な立て直しが進まなかったことで、20年近く赤字を計上し続け、潤沢だった内部留保はみるみるうちに減少。底を突きかけ、債務超過に陥ることが確実となった2019年9月に、取引金融機関へ返済猶予を要請した。その半年後にはコロナ禍に突入。在宅勤務の浸透でスーツ需要が低下したことで売り上げ減少に拍車がかかり、2023年7月期の年売上高は約27億8100万円と、ピーク時のおよそ12分の1にまで落ち込んだ。

コロナ融資で延命したが

普通なら、この時点で法的整理に入っていても何ら不思議はないような経営状態だったが、メインバンクからゼロゼロ融資を含む新型コロナ関連融資や資本性劣後ローンによる金融支援を受けることができ、何とか資金はつながっていた。

中小企業活性化協議会の支援の下で再建計画を策定。それに沿う形で、各地の工場の縮小や効率化、不採算店舗の閉鎖を進めていったが、一気に生産能力を絞ったことで、生産遅延が発生。受注を取りこぼすなどの混乱もみられ、業績は再建計画に対して未達に終わる状況が続いていた。

２０２３年10月には、メインバンクから在庫や売掛金を担保として当座貸越枠を設定する「プレＤＩＰファイナンス」を受けた。全取引金融機関の同意を得たうえでの実行ではあったが、結局それも、半年も持たずに行き詰まりが見え始め、２０２４年７月に民事再生法の適用を申請するに至った。

最終的に１社からスポンサーとしての支援意向が示された。ただ、見方を変えれば〝わずか１社〟である。１０５年の歴史を重ね、国内でも有数の紳士服縫製技術を有すると評される企業に興味を示す先がほぼなかったというのは、寂しい限りだ。

〝ＭＡＤＥ　ＩＮ　ＪＡＰＡＮ〟の品質は、紛れもなく大賀の最大の強みであろう。しかし、市場がシュリンクするなかで、大賀の描いたビジョンと消費者ニーズには大きな乖離が生じ、要所で有効な経営改善策を講じることができずに、倒産への道を突き進んでしまった。

コロナ禍でメインバンクが金融支援を続ける一方、他の取引金融機関はそうした動きを静観していたが、「なぜ、スポンサー探しを行わず、抜本的な改善策に踏み込まないのか」といった本音を漏らしていたのも事実だ。実際に大賀がスポンサー探しに着手したのは、民事再生法の適用を申請する約3ヵ月前。あまりにも遅すぎた。

コロナ禍では、経営危機に直面した多くの企業が、新たな事業や分野へ進出したり、業種・業態を転換したりするなどして存続に向けて動いた。一方で、そうした動きがなく、赤字から脱却できないでいる企業も少なくない。劇的な環境の変化に有効な手を打てないままだと、大賀と同じように、ジリ貧の道を歩む可能性が高いことは、誰の目にも明らかであろう。

運命の分かれ道

①バブル崩壊により高級スーツ需要が急減、百貨店、量販店の閉店で販路が縮少

②オーダースーツへの参入など業態転換を図らず売り上げ減少に歯止めかからず

③遅すぎたスポンサー企業選定、事業再構築の道を閉ざす

沿革

１９１９年　7月、創業
１９４９年　10月、法人改組
１９５４年　「キングタイガー」の商標を決定
１９９２年　年売上高３３４億円を計上
２０１１年　年売上高１００億円割れ
２０１９年　債務超過転落の見通しにより金融機関に返済猶予を要請
２０２３年　10月、在庫や売掛金を担保とするプレＤＩＰファイナンス設定
２０２４年　7月、民事再生法の適用を申請

『帝国ニュース』初出一覧

第1章

パネイル（2021年6月8日号）
Sharp Document21 yoshida（2021年9月1日号）
水中造形センター（2021年9月13日号）
ベルベ（2021年11月29日号）
アンフィニ（2021年12月3日、6日号）

第2章

アクア・ライブ・インベストメントなど4社（2022年4月27日号）
イセ食品（2022年6月7日、8日号）
三洋電機製作所（2022年6月29日号）

第3章

マレリホールディングス（2022年8月18日、19日号）
武蔵オプティカルシステム（2022年11月24日号）
キッチンストアー（2022年12月7日号）

第4章

アイテック、コーケン、ジェミック（2023年1月11日、12日号）
グリーンフィールド（2023年3月27日号）
マキノ出版（2023年3月28日号）
JOLED（2023月4月25日号）
FCNTなど3社（2023年6月20日号）

第5章

TRAIL（2023年10月5日号）
友伸會（2023年10月25日号）
ホーユー（2023年10月31日、11月1日号）
近畿用品製造（2023年12月18日号）

第6章

白井松器械（2024年3月25日、26日号）
テックコーポレーション（2024年8月5日号）
北浜グローバル経営（2024年8月9日号）
エー・アンド・ビー・コンピュータ（2024年8月15日号）
大賀（2024年9月6日号）

〈最新レポート〉

船井電機、最期の一日

2024年10月24日

液晶テレビなどの製造販売をしていた船井電機が、2024年10月24日に東京地裁より破産手続き開始決定を受けた。船井電機といえば、前身は東証1部にも上場していた家電メーカー。昭和世代には懐かしいテレビデオなどの製造も行っていた。後に主戦場を海外に定め、北米市場を中心に事業を展開。米国大手ディスカウントストア向けOEMの液晶テレビを中軸に、北米では日本のテレビメーカーとしてトップシェアに輝いていた。

そんな大手家電メーカーが「破産する」との一報をつかみ、現地確認に向かった。

午後0時半

現地に到着。船井電機の本社は大東市中垣内にある。車の往来が常に多い大阪外環状線沿いに、約3400坪の広大な敷地に白を基調とした社屋が目を引く。正門前に商号が記載された看板がある。

一般的に破産の場合、こうした看板や正面玄関に貼り紙（通知書）が掲示されるケースが多い。船井電機の場合は正門前に警備室があることから、貼り出すなら正門前の看板付近だろうと思ったが、その時点で貼り紙はない。敷地内を見ても、従業員は普通に歩いており、「いま、まさに倒産した」という雰囲気は感じられない。

門扉が閉ざされた船井電機大阪本社

そのため、いったん周囲の状況を確認するべく、会社の敷地を一周ぐるりと回ってみることにした。6分ほど歩き、敷地の北側に到着。こちらは閑静な住宅街に面しており、船井電機本社の勝手口のような古びた出入り口がある程度だった。建物内の照明もついてはいたが、異様な静けさが気になった。お昼時ということもあるだろうが、工場が活発に動いているような雰囲気はまったく感じられない。

次に敷地の西側に向かった。住宅街をすり抜けて8分程歩くと裏門があった。そのすぐ向こう側には綺麗なビルがそびえ立っており、最上階にはガラス張りの大会議室のようなものが見える。食堂だろうか。

「仮に破産ということになれば、従業員が一堂に集められるはずだから、この大会議室の様子には注意が必要だ」と心に刻む。

再度正門に戻ろうとした際に、船井電機の本社建物と同様の白を基調とした綺麗な3階建ての建物を発見した。1階エントランス前には、「船井電機株式会社　別館」との記載があった。しかし、そのビルの駐車場は鎖で施錠されており、駐車はできない。全体的な雰囲気としても使用されている気配はなく、寂寞としていた。

午後1時

長丁場になりそうだったので、腹ごしらえにファストフードをテイクアウト。いつ貼り紙が出されるかも分からない。一般的な昼休憩が終わるこの時間帯で、何かしら発表があるかもしれないと思い、急ぎ正門まで足を進めた。

すると、スーツを着た若い男性が所在なさげに立っていた。間違いなくマスコミ関係者であろうと思い声をかけると、案の定、新聞記者だった。少しすると、今度は青いワイシャツを着た若い男性が少し離れたところからこちらをうかがっている。挨拶すると、こちらも新聞記者だった。目的は同じで、「船井電機が今日倒産する」という情報を聞きつけたとのことだった。

午後1時半

事態が動き出した。急に正門のレール式の門扉が警備員により閉められた。中で何かが始まったようだ。自分も正門から少し離れ、例の大会議室が見える位置まで移動したが、そこに人影が見えなかったため、再度正門前に戻り待機することに。そうした往来を数度繰り返し、2時を過ぎたころに最上階に目をやると、たくさんの人影が現れた。ついに従業員向けの説明会が開催されるのだろう。

もっと近くで確認しようと思い、裏門側に回ってみると、ガラス窓越しに多くの人の背中がはっきり確認できた。「従業員向けの説明会が開催され始めたようだ」と伝えると、マスコミ各社に緊張が走った。説明会終了後、何かしらの発表があるのではないかと思い、引き続きその場で待機。マスコミ各社もさまざまなルートから情報を仕入れているようで、頻繁に電話を掛ける人もいた。そうこうするうちに雨雲がかかりだし、小雨が降り出した。社屋に目を向けると、暗雲が垂れ込めた空がいまの船井電機を物語っているようだった。

午後3時

まだ正門は閉じられたままだった。途中、郵便局の配達員がバイクで来たが、警備員より「いまの時間は荷物を受け取れない」と言われたようで、配達員は困惑した顔のまま正門から去って行った。その後も大会議室には引き続き多くの人影があり、説明会が長引いている様子だ。午後4時を過ぎたころ、急に正門の門扉が警備員により開けられた。説明会が終わったのだろうか？ 何かしらの発表がなされるのか？ 新聞記者とともに正門前で待機していたが、船井電機側からは何の発表もなかった。

再び大会議室を確認しに行くと、まばらに人影が見えることから、説明会は続いているのだろう。そのとき一報がスマホに入った。船井電機の担当弁護士が判明したとの内容だった。帝国データバンクの別動隊が情報をつかみ、弁護士に破産した事実を確認。こうして「船井電機が破産」のニュースをリリースしたのが午後4時13分だった。しかし、その後も船井電機側からの発表は一切ない。以降、少し時間を空けてマスコミ各社が相次いで同様の報道をリリースし始めた。

午後5時

徐々に従業員の退社が始まった。送迎バスに乗って帰る人や自転車で帰る人などがいたが、取材はできない。徒歩で帰宅する従業員がいたため、迷惑とは思ったものの取材を試みるが、「分からない」「…………」といった反応ばかりで、どういったことが起こったのか判明しない。

そうしたやりとりを何度か続けていると、一人の従業員の方から話を聞けた。説明会の内容としては「冒頭、弁護士から船井電機が破産するという説明があった。その後は、役員から明日25日に給与が支払えないことや、今後のこと全般に関する説明がなされた。転職支援に関する話はなかった……」というものだった。

説明会自体は特に荒れることもなく、従業員一同、冷静に話を聞いていた様子だったそうだ。また、テレビ事業の売却の話が半年程前から水面下で進められていたようだが、まとまらなかったとのこと。以前から会社の信用不安は、従業員の中でも話題にあがっていたようだ。

その従業員の方は「本日付で事業停止となるので、大半の方はもう出社しないと思いますが、私は残務処理があるため、明日も出社して業務に当たります」とのことだった。自身に降りかかる不幸な出来事にもかかわらず、真摯に取材を受けていただいた従業員の顔は、長年続いた言いようのない不安が決着したためか、幾ばくかすっきりした表情に見えたのが印象的であった。

午後6時

多くの従業員の退社が始まった。私物などを入れたのであろう大きな紙袋を手に持つ人や、私物のディスプレイを小脇に抱えながら徒歩で帰宅する人などを見ると、「まさにいま、企業が倒産したのだ」と認識させられる。

そのころには、船井電機の取引業者が駆けつけた。聞くと、10月上旬にリリースされた船井電機の信用不安情報から、取引条件の変更を要請していたという。今日の午前中までその話を従業員と電話していたが、急に「船井電機破産」の報道を受け、会社を訪問したとのことだった。取引条件の変更についても、船井電機の従業員は真摯に対応していたと話していた。

その後は、テレビ局数社が正門前に到着し、カメラを構え撮影を開始したが、船井電機側からは何の発表もなされることはなかった。

破産直前、10月3日の船井電機HPのニュースリリースには、「経営計画については、なるべく早いタイミングで公表させて頂きます」とあるが、このリリースはいったい何だったのだろうか。

仮にも、前身企業は元上場会社で、地場では売上高トップクラスの企業。連結ベースで従業員数が2000名を超える大企業がこのような結末を迎えるとは……。取材で聞こえてきた従業員の誠実さとは真逆の対応と言わざるを得ない。

かつては廃業発表の際に、涙を流しながら「私らが悪いんであって、社員は悪くありませんから」と語り、従業員の今後の行く末を憂えた経営者もいたが、はたしてこの終わり方で本当に良かったのだろうか。いまなお関連会社で働いている従業員たちは、今回の事態をどう見ているのだろうか。

船井電機が倒産に至った経緯については、かなり複雑な背景があるようだ。今後も慎重に取材を進め、あらためてレポートしたい。

（『帝国ニュース』2024年11月8月号）

帝国データバンク情報統括部

1900年創業、国内最大級の企業情報データベースを保有する民間信用調査会社。
中小企業の倒産が相次いだ1964年、大蔵省銀行局からの倒産情報の提供要請に応じる形で情報部を創設。2021年に情報統括部に改称。情報紙「帝国ニュース」の発行、「全国企業倒産集計」などを発表している。

講談社+α《プラスアルファ》新書 884-1 C

なぜ倒産《とうさん》　運命《うんめい》の分《わ》かれ道《みち》

帝国《ていこく》データバンク情報《じょうほう》統括《とうかつ》部《ぶ》

2025年1月15日第1刷発行

発行者―――― 篠木和久
発行所―――― 株式会社 講談社
東京都文京区音羽2-12-21 〒112-8001
電話 編集(03)5395-3522
販売(03)5395-5817
業務(03)5395-3615

デザイン―――― 鈴木成一デザイン室
カバー印刷―――― 共同印刷株式会社
印刷―――― 株式会社新藤慶昌堂
製本―――― 牧製本印刷株式会社

KODANSHA

ISBN978-4-06-538487-9